增訂新版

臺灣發展、國家品格、政治文化、人文素養總營造。

張燦鍙 著

臺灣國家之道

TAIWAN in the Right Way

讓改變成為可能

【自序】
歷史終將見證

　　一直有人建議我寫回憶錄。的確，比起大多數人，我的一生確實起伏波折。從台灣本島到海外各國，從美國化工教授到台灣政治黑名單，從美國國務院的座上賓到土城看守所的階下囚，過往的人生經歷，都讓我的生命更加豐富。

　　自認是個簡單的人，因為簡單，就不容易變來變去。儘管起伏波折、儘管榮辱毀譽，午夜夢迴，思索著一生的志業──台灣建國運動，四十年來的熱情，卻也不曾減退。

　　從獨立運動的推動到國家體制的建立，台灣人民追求的不應只是國家機關與政治體制的獨立，更應該是人格與文化的獨立自主。體制的建立，雖然不易，但事在人為；然而，人格自主與文化內涵的建構，在此時此地的台灣社會，恐怕更為急迫。

容忍不同意見的文化，相互信賴的文化，正是台灣人民需要的政治典範；也惟有這種容忍與信賴的文化，才能讓台灣脫離政客爭權騙財、民眾媚俗趨利的貪婪之島，成為一個真正具有品格與價值的獨立國家。

這本書集結了過去曾出版的三本小冊子，某種程度也正傳達了我近幾年來，對獨立運動的認知轉折。

〈台灣建國藍圖：建設東方瑞士〉，寫於一九八三年，主要是從政經制度來探討當時台灣社會的問題與獨立建國的原則，有深入的反思，也有深刻的期待。〈台灣：舊的神話和新的現實〉則是一九八七年，在美國國務院的演講詞，將台灣人希望獨立、自主的聲音，帶進美國最高的外交決策機構。

上面兩篇文章都是闖關返台前的作品。一九九一年底，我闖關回台，入獄期間進一步思考台灣前途及反對運動的問題，〈政治、道德、權力〉是環環相扣的，即是獄中的沉思。而〈讓改變成為可能〉及〈邁向台灣理想國〉則是一九九四年對於反對運動及國家之路的全面性思考。

回台之後一、二十年，我參與台灣的政治運動加上對

台灣的親身觀察，自然有感於心，出於肺腑，不能不說，二〇〇二年分別寫下〈文化：台灣問題的根源〉、〈西進，南進，不如自己上進——一個外行人，看台灣的經濟困境〉，二〇〇七年、二〇〇八年又分別寫下〈態度決定高度，格局決定結局〉、〈台灣主權獨立的新思維〉、〈關於台灣國家發展的幾點思考〉，進一步思考「台灣國家生存、發展與品格」的問題。

　　我這個人，人稱永遠的台獨主席，從政治社會、經濟制度上，追求台灣主權的獨立，也希望從民主生活與文化價值上，追求台灣人的獨立。簡單如一，四十年不曾改變。

　　如果我的回憶錄有一絲絲的價值，我想也無非是這一點點推動台灣獨立運動的熱情。就當作是整理回憶錄的開端。

　　是為序。

目　次

第一部

台灣主權及國家品格

　　2008年，民進黨接連輸掉立委及總統大選，「台灣派」士氣大挫，馬英九總統上台後過度向中國傾斜的政策，更讓許多關心台灣前途的人憂心不已。面對這些嚴峻的情勢，反對運動該如何因應？如何重新調整步伐，避免台灣陷入更大的危機，應是大家該共同關心的課題。

　　本輯所收文章雖然不是以2008年的台灣情勢為論述背景，但如何守護台灣的民主、確保台灣的主權、發展台灣的經濟、提升文化品質，乃是不可迴避的問題。作者的論述一以貫之，尤值得做為今日反對運動者與執政者之參考。

「政治、道德、權力」
是環環相扣的
── 獄中的沉思 ──

　　牢獄之災是許多民主運動者難以逃避的命運。作者在1991年回到故鄉台灣，隨即在桃園機場被捕入獄。「頭號黑名單」選擇面對國民黨黑牢的挑戰，為的就是打破國民黨黑名單的禁錮，並返台為獨立運動獻身。

　　進入土城看守所後，國民黨仍無法囚禁作者的心。因為「有形的空間縮小了，無形的思考空間反而擴大了」，繼續思考著台灣的種種問題。

　　本文原載於《台灣評論》1992年11月創刊號，為時任該雜誌主編王美琇透過面會機會進行的紙上採訪。

　　一九九一年十二月七日，海外台獨運動領袖張燦鍙，正式返回離開了三十年的故鄉台灣，結果在桃園機場被捕下獄，後來，被判處十年有期徒刑（減刑為五年）。

　　在張燦鍙決定回台前，有許多海內外朋友紛紛勸阻，

因為，大家都知道，只要他一闖關將立刻被逮捕，他的「頭號黑名單」身份，必然使他難逃國民黨的黑牢。

張燦鍙也知道此行凶多吉少，然而，「明知山有虎，偏向虎山行」，他仍然選擇向國民黨的黑牢挑戰，仍然執意「衝鋒陷陣」，為徹底打破黑名單和獨立運動而獻身。

除此，張燦鍙也知道，獨立運動的重心已經逐漸移到島內。他的一生都投入獨立運動，此刻，更沒有理由缺席，所以，他毅然回來了，即使必須坐黑牢他也回來了。

進入土城看守所至今已十個月，以往，張燦鍙是一個活動力旺盛的人，如今身陷囹圄舉步維艱。然而，囚房似乎無法囚禁他的思想和心靈活動，如同他自己所說的：

「有形的空間雖然縮小了，但是，無形的思考空間卻反而擴大。」

記者為了進一步了解從事獨運三十年的張燦鍙，在這十個月以來，如何思考反對運動的種種問題和未來發展方向，特別對他進行採訪，以下即為訪談記錄：

問：前陣子民進黨的不分區立委選舉，曾引發了賄選風波，在賄選風波之後，又進一步延伸出學界與政治界（美麗島系為主）對「政治、道德與權力」議題的論戰（也有人說是「道德與制度」之爭）。

你長年從事政治運動，請問你如何來看待這個問題？或者說，你認為道德理想與政治手段要如何權衡？道德和權力、道德和制度之間的關係又如何？

答：有人說，要杜絕賄選最好的方法是「制度」，不是「道德」，用制度論來看待賄選問題，甚至指出政治家講「制度」，「道德」是教育家和牧師的事。

也有人提出，「政治與道德」是兩個原則上獨立的範疇，兩者之間沒有並存的必然關係。「執政是民進黨最高的道德標準」──這種說法也曾經出現。

以上這些論戰，使人感覺道德與政治或權力是互相排斥、對立的；然而，我個人覺得，其實這兩者是必須且可以相輔相成的。我們需要檢討的是，那種問題比較重要。

　　事實上，社會上大多數人的行為都受到一種「無形規律」的約束，例如不成文的道德倫理、修養、文化、政治背景、社會條件等等。制度是一種「硬體」，例如法律；而看不見的約束力就是「軟體」。一個社會的運行必須兩者並行、缺一不可的。

　　因為，一個好的典章制度，在不同的國家實施的結果可能完全不同。一位《紐約時報》駐北京的記者Butterfield，離開北京後寫了一本書《苦海餘生》，他批判中國的全民健康保險制度施行得一塌糊塗；可是這套制度在歐美國家都實施得很好。所以，制度再好，如果人民的道德感不夠或缺乏民主素養，可能毀掉整個制度。

　　歐美成熟的民主社會中，他們稱民主政治是「凡人的政治」，政黨也是平凡的政黨。即使如此，他們對政治人物的道德性也有非常嚴格的期許和要求。例如尼克森因水門事件下台，日本田中角榮、竹下登、金丸信等，都因其道德形象受損而辭職下台；甚至最近美國總統大選，柯林頓及布希的婚外情等議題，都受到嚴格的質疑和檢驗。

　　所以，政治人物一定要有更高的道德標準，無論在成熟或不成熟的社會，道德與政治是脫不了關係的。

　　我們回頭看台灣。目前的台灣在國民黨統治四十多年的結果，已經使整個政治、社會、環境、人文都受到嚴重污染，以政治而言，我們現在可以說只有「權力政治」，沒有「責任政治」或「民主政治」。所以，台灣

實在非常需要一場政治、文化大規模改頭換面、不流血的和平革命。

我們的反對黨——民進黨，在目前有形的資源、條件皆十分侷限的情況下，實在很難與國民黨一較長短；而我們所擁有唯一最大的資源就是——道德標準；亦即更好的理想性格和道德勇氣。

長久以來，民進黨一直保持30％的選票，其「理想形象」應該是主因。大家期待它是一個能反應人民心聲和具備道德勇氣的政黨，如果反對黨失去了這個理想色彩，可能會愈來愈國民黨化，或者最後變成永遠的反對黨。

因此，在主客觀條件下，「道德形象」絕對是反對黨必須奉為「高於任何政治謀略」的標準。

我常說一個政治人物必須擁有三個條件：1.commitment：決心和毅力；2.integrity：人格與道德；3.ability：政治能力。我簡稱為「CIA」。一個政治領導者，需要很高的政治理想和成熟的政治手段來建立良好的政治制度，然後才能進一步得到政治權力。

反對陣營應該以一種「有現實感的理想主義者」的視野自我鞭策，共同來推動運動。

問：你長居美國，也深諳美國政治，前些時候你似乎剛讀完《權力遊戲》一書，不知道你對美國政界處理「權力、道德與政治」的議題有何感想？

　　答：美國是一個民主政治非常成熟的社會，他們除了尊重多數外，更可貴的是，可以尊重少數人的意見和權利，所以他們以司法獨立、軍隊國家化、文人國防部長、新聞自由等方式，來確保真正的民主。

　　除此，更重要的是，美國的民主已經成為一種文化，已經內化成生活態度和價值觀。反觀台灣，卻是一個雖然看似經濟成長很高，但成熟度很低的社會，民主尚未內化為個人的生活態度與規範，與美國社會相去甚遠。

　　《權力遊戲》一書，主要在描寫雷根總統時代，華盛頓政治中心權力運作的內幕。其實，從書的名稱，就說明了某種程度的意義；也就是說，他們是權力「遊戲」，而不是權力「鬥爭」，像國民黨的主流、非主流的政爭，就是典型的權力鬥爭。

　　美國的權力運作，是在一種大家認同的「遊戲規則」下進行。他們講求的是在職位上如何遵守遊戲規則，如何發揮更大的權力、爭取更大的影響力，甚至在電子媒體時代，爭取如何作秀、推銷自己的想法或法案。

　　不過，他們也相當重視政治工作者的誠實人格與政治能力，亦即「格與術」，對於犯法和不道德的事也無法接受和容忍。

　　所以，《權力遊戲》注重的是如何「分享」更大的權力而非「奪權」，這種權力運作比較接近「政治是可能藝術」的境界。

　　這本書是典型美國政治權力運作的著作。我要推薦此書給有理想但無政治實際經驗者，去學習在公平遊戲規則下的政治技巧與政治推銷術，讓理想可以發揮更大效能；我也建議已世俗化的政治工作者讀此書，因為，雖然要適應多變的社會和時代，但也應該堅持「必須有堅持不變的原則」。

　　問：選舉不可否認是反對運動的重要一環，但是，由於反對陣營裡的政治資源相當有限，所以每次一到選舉，總不免會發生同志間為了票源相互傾軋的事情。請問你如何看待選舉與反對運動之間的關係？

　　答：很多人認為反對運動資源有限，其實這句話本身就產生兩種問題：

　　1.這些人一方面認為政治資源有限，一方面在發表政治主張時又說要執政，要建國，這是互相矛盾的說法。

　　2.「資源有限論」其實是靜態、短時間的看法，也是一種速食文化的心態。反對運動仍有廣大的資源，只是有待大家更腳踏實地去開拓。

　　目前台灣的現狀是，真正支持國民黨的人不多，對現狀不滿的聲音則相當普遍，但卻又對反對黨沒有信心。所以說，反對黨的力量還是相當薄弱的。蓋洛普民意調查，在六月底對公教人員所作的民意測驗，就顯示了這種結論。

　　我經常舉「救生艇」的例子來勉勵同志。反對黨的人大家都坐在同一條救生艇上，如果急著分配剩下來的乾糧、水和醫藥有何用處？東西用完船遲早會下沈的；因此，大家應該同心協力將救生艇駛到岸邊，這樣我們才可能有機會打下一片天地。

　　所以，目前反對黨最大的工作重點，應該是去開發更多新的資源，而不是分配資源。如果不這麼做，可能會變成永遠的反對黨。

　　除此，我亦認為，目前存在反對黨內最大的困境其實並非資源問題，而是「人」的問題，同志之間互相信賴的基礎太薄弱，缺乏協調文化，沒有發揮團隊合作的精神，所以會讓人民沒有信心，最後導致資源無法再開拓。當人民對現狀不滿、對未來有信心；對國民黨不滿、對反對黨有信心時，人民一定想求新求變，所謂「土粉都會變黃金」（台語），資源自然就會急速成長。

　　今年四月紀念鄭南榕殉難三週年時，我曾寫了一篇文章（開創新局的先驅）。在文內我對反對陣營的整合提出看法，也對年底選舉如何組連線、如何協調和共同募款、造勢及開政見發表會等，都提出了具體的辦法，希望做為整合反對黨的第一步，這也是反對黨整合的試金石。我真心希望反對運動的情勢能朝整合方向發展，這一直是我努力想促成的事情。

問：思考未來反對運動的發展空間，你認為比較重要的議題是什麼？

答：反對運動未來比較重要的議題可分為以下幾個重點來談：

1.心理建設上：反對運動的訴求應該由「反對什麼」提昇到「追求什麼」。

台灣一般民眾都認為，反對黨「打天下」沒問題，但要其「治天下」，則又唯恐其心力不足。所以，反對運動者不能只甘於做一個有勇氣的反抗者自我欣賞，應該做一個有創造性的政治工作者。要超越目前的格局，培養支配大局的心理、作風和做法，才能使支持群眾更有信心。

2. 政策上：天底下沒有不談「國家主權」的民主政治，也沒有不談「台灣主權」的公共政策。如果只談公共政策，台灣問題可能會慢慢變成香港化，這是很大的危機。

其實，「台灣主權獨立」就是最基本、最重要的公共政策。目前雖然強調民主憲政、政治結構、公共政策，但是最根本的問題仍是國家主權獨立。必須將所有議題作整體性和前瞻性的規劃，不能本末倒置或捨本逐末。

除此，政策不能停留在口號階段，要落實且具體地描繪出未來的環境與前途，讓人民感覺我們的主張與他們每天的生活息息相關，唯其如此，才能打動民心、號召群眾。

3. 整合上：目前反對陣營的組織力遠落後於文宣，個人運作則遠超過群體運作。我前面提過，整合最大的困難，其實是同志間「互信」基礎太薄弱，缺乏協調文化和團隊精神。經濟上有所謂的「個體經濟和總體經濟」，政治上也有「個體政治與總體政治」。目前最迫切需要改變的，是從單打獨鬥的「個體政治」進入到「總體政治」，唯有整合少數，才能發揮多數的效能。

4. 群眾運動：目前反對陣營仍以選舉為主要路線，不知不覺全部跌入國民黨所設計的遊戲之中。有人開玩笑說：「選舉」是反對運動的唯一生路。

其實，選舉只是台灣人運動的一部份而已，真正的力量仍在群眾運動，平常我們應結合廣大群眾，唯有透過一波又一波的群眾運動才能澈底改造台灣社會。

問：台獨聯盟未來運作的重點是什麼？與反對運動之間的互動關係為何？

答：聯盟成立的宗旨是「建立一個自由、平等、民主、福利和公義的台灣共和國」；在運動定位上，聯盟不是當前體制下的政黨，也不是任何政黨中的派系，而是一個以達成台灣獨立建國為目標的全方位的運動團體，以此來推動重建政治、文化、社會的台灣建國運動。

前面我曾談到對反對運動議題和總路線的看法，其實也是目前聯盟想做的事，不過，重點仍以下述幾點為主，

以便能與反對運動總路線相互配合：

1.致力開發建國運動的人力物力資源。

2.鼓勵盟員參加社會各種運動團體，並參與各地的草根工作，以匯集更大的人民力量。

3.發展群眾運動，不以取得公職為目的。落實群眾運動與議會路線交叉運作的共識。

4.做整合反對陣營的潤滑劑，希望能促成反對陣營的大結合。最近一台一中行動聯盟的形成與活動就是最好的例子。

問：以前你是一個活動力量旺盛的人，現在身陷牢獄「舉步維艱」，面對這種「落差」，你的調適如何？

答：過去在海外到處奔波「做運動」，海闊天空，現在卻身陷牢獄、身不由己。朋友來探望我時常問起：「還習慣吧？」我說：「不習慣也得習慣，我沒有選擇的餘地。」

心情上總要面對現實，自我調整、隨遇而安。將這次機會視為修身養性，視為人生必經的過程，所謂「進廠驗修、充電養身」，所以，也算是一種人格情操的錘煉吧？

我在牢中儘量利用機會讀書和思考運動的種種問題。以往在海外「運動」三十年，難得有機會靜下來反省和進修，所以這些日子以來，我在獄中讀了不少書，實在幫助

不少。

　　這是我這一生中，在最短的時間內讀最多書的一段時間，過去想讀而沒時間讀的書，現在都一一「補」起來了。我甚至請女兒將我書房的書分批寄給我，若無此機會，那些書可能仍擺在書架上堆積愈來愈厚的灰塵。

　　有一次我去台大醫院檢查身體時，我的主治醫師告訴我：「心情、頭腦都放輕鬆，不要去思考『運動』。」我說：「如果我不去思考『運動』方向，我就失去了最主要的生命力。『運動』已經是我人生的全部，不去想它，我的身體可能會更糟糕。」

　　雖然人在牢獄、身體活動縮小，但因為沒有雜事，思考空間反而擴大；失去了有形的空間，卻換來更多無形的思考空間。

　　我的頭腦幾無法脫離「運動」，只是扮演的角色和以前不同而已。我儘量在調整自己，將危機轉化成機會，盡可能地去善用目前的環境和時間。有句美國話說：「There will never be another now, I will make the most of today; there will never be another me, I will make the most of myself.」（沒有另一個現在，所以我要善用今天；沒有另一個我，所以我要盡情發揮自我。）這就是我此刻心境的最好寫照。

讓改變成為可能

── 反對運動政治文化的思考 ──

　　歐巴馬在競選美國總統時提出「The change we believe in」、「Yes we can」，他讓民心思變的美國人相信這是可能的。而作者在1994年二月參與民進黨主席選舉時，也提出同樣的訴求，希望讓反對運動的改變成為可能。

　　民進黨的政治文化需要什麼變革？甚至需要怎樣的領導人？本文提示的方向，可供關心台灣民主發展與民主運動者共同省思。

　　如果，文化是一種生活方式；那麼，政治就是追求更好的生活方式的必要手段。

　　這是我政治生命裡最根本的信仰。過去如此，現在如此，未來也必將如此。

　　出獄這一年多以來，朋友經常會問起我一個問題，「你在美國住了卅年，回到台灣，還習慣嗎？」

　　老實說，如果以一般性的生活而言，美國的確是比較舒服，畢竟那是一個民主制度非常上軌道的國家；更重要的是，他們的民主制度已經內化成為生活態度和價值觀，成為他們的文化了。然而，就是因為卅年的異鄉生活與文化比較，才更驅使我想回到故鄉從事政治改革，我們實在與真正的文明國家距離太遙遠了。

　　有人說：「個性決定命運！」

　　回首這卅多年的政治生涯，似乎印證了這句話。雖然，趨吉避凶是人的本性；雖然，人生何其短暫，選擇更舒適的生活乃人之常情。但是，睽諸古今全世界所有民主國家走向文明之途的過程，總是有一些義無反顧的政治改革者，拋家棄子，丟名捨利，前仆後繼地投入政治改革之列，才能一縷縷、一寸寸地締造人類精神文明的奇蹟，推動時代巨輪朝更適合人類生存的方式滾動。

　　美國羅勃‧甘迺迪(Robert Kennedy)曾說：「有人看到已發生的事情，而問為什麼發生；我卻常夢想未發生的事情，而問為什麼沒發生？」(Some men see things as they are and say "why", I dream things that never were and say "why not?"）這句話，曾經深深影響我。我並非唯一的追夢者，是因為歷史上斑斑可數的創造文明的智者，他們鋪陳一條動人心魄的經驗之道，牽引我不由自主地走入其中；是因為──我有一個政治非常不民主的故鄉國家，使我萌生改革的動力。知道事實而保持沉默，是弱者的表現；尤其，當我知道養我育我的故鄉，從來不曾文明、不識民主為何物時，我更無法保持沉默。

「為了某種信念，有時候，你必須放手一搏。」我就這樣一步步地走上台獨運動與台灣政治改造之路了。

一晃眼間，卅年過去了。我的政治改革熱情未曾稍減，而時光卻飛快地奔去。雖然，微微瞥見台灣已呈現民主曙光。但是，改革的腳步仍然緩慢，烏雲密佈的社會文化與政治文化，隨時都可能吞蝕掉乍現的民主曙光。

長年以來，我一直稟持著一個信念：「一個領導者，是責任重於權力；是挑起責任而不是拿起指揮棒。真正的運動，只有無盡的義務和責任。」身為台獨聯盟的領導人，我自是應擔起更多的責任與義務。

回到台灣這兩年多來，受到不少朋友的鼓勵和照顧，我內心非常感激；不過同時，我也接受不少的質疑和挑戰。當然，所有的挑戰其實在回國之前都已經有所準備了。畢竟，國內外政治運動環境，有許多本質上的不同。但是，當我隱然發覺，反對陣營裡，政治文化的惡質化

程度已遠超過政治制度的改革時，挑戰的艱鉅性就更沉重了。

雖然，政治運動中派系壁壘分明乃是常事，倘能良性競爭亦屬好事。但是，如果派系權力分配和政治利益考量遠高過整體運動的目標時，則可能相對會折損運動的效益和模糊掉原本的理想初衷。

經濟學上有所謂的「個體經濟和總體經濟」，政治上也有「個體政治與總體政治」。目前反對運動陣營裡，最迫切需要改變的，是從單打獨鬥的「個體政治」進入到集中全體智慧與力量的「總體政治」。唯有整合個別少數，才能發揮集體多數的效能。

這雖是老生常談的政治概念，然而，我們卻一直都沒有內化成為反對運動的政治文化。所以簡單的道理形同具文，無法成為內省、改造的巨大力量。

從最近幾次台灣的選舉亦可窺見一二。我跑遍全台助選，發覺不少候選人雖然上台演說著民進黨要執政；可是一下台，又擔心同選區的黨友候選人，會不會分掉自己的票源。這就是個體政治。如果能發揮整體政治機能，中央與地方、候選人之間聯線作戰，一氣呵成；加上平常努力開發更廣大的資源，開拓更大的政治大餅，相信我們不致於在小餅上爭得你死我活，徒見反對黨的捉襟見肘之窘而已。

當我和許許多多的朋友和同志，察覺到反對運動（尤

其是民進黨）的發展，已經浮現「國民黨化」與政治利益分贓的危機時，我深深覺得，是該大刀闊斧改革的時候了。再不改革，我們將使民主化的腳步更加延緩；而廣大的人民也會拋棄我們，然後，我們也將與世界文明距離愈來愈遙遠。

國民黨曾以假象安定來攏絡民心；我們，則是在政治「動亂」中成長，在「動亂」中一步步地締造台灣民主化的卓越成績。「亂」，表示很多人對現狀不滿，「亂」會領著我們求新、求變、求好的決心。但是，如果在「亂」中奮鬥多年，我們仍然看不到應有的民主秩序與文化，無法尋找理想的政治座標，無法創造更美好的生活空間給同胞，那麼，我們終將在「亂」中迷失掉自己！迷失掉重建國家的美夢。

「亂」同時意味著「變」的可能性。

我們必須有所改變。改變現狀的惡質部分，改變可能已深入內心的惡質價值觀。讓大幅的改變成為可能，將是我們推動台灣民主化巨輪更快速轉動的唯一機會。否則，傾軋的權力鬥爭與利益分贓，可能將一寸寸扭曲掉我們長年以來堅持的理想與良知。

牛頓曾說：「站在巨人的肩膀上。」

我們的巨人就是台灣人民。當我們的力量能結合廣大的人民時，建設台灣成為「東方瑞士」，將不再只是個夢想而已。

　　聯盟許多的同志，包括我在內，雖然知道「選舉路線」在現階段有其必要性，但是本質上，我們並不那麼熱衷選舉。我們要的，是整個台灣政治生態與政治文化的改造運動。雖然，這次我接受許多朋友催促出馬競選黨主席，也是參選形式的一種，但是，誠如我一貫的信仰：「一個領導人，是責任重於權力；是挑起責任而不是拿起指揮棒。」我真心希望，能帶動民進黨進行大刀闊斧的改革。從制度到文化，我們必須改變。唯有改變，「巨人」的力量才會靠攏。

　　有位政治哲學家曾說：「我相信，每一種權力都意味著一種責任；每一種機會，都意味著一種義務；每一種所有權，都意味著應盡的本份。」

　　推動政治改革，的確需要更大的毅力和更深層的體悟。

　　我雖不是唯一的追夢者，但是，至今我仍然夢想著，透過前輩的血淚耕耘和我們這一代的努力，在有生之年，能夠看到台灣成為真正的「東方瑞士」。親愛的朋友，您是否也曾如此夢想？您是否願意和我們一起並肩作戰？

邁向台灣理想國

　　本文係作者於1994年在紐西蘭奧克蘭世台會舉行年會時發表的主題演講整理而成，原題為「迎接21世紀新台灣」。文中針對台灣的國家認同、民主真諦、經濟發展與社會文化等面向，均有深入的剖析。演講時間雖距今已有15年，但對於台灣前途的見解有全面性的看法與思考，今日讀來仍是「台灣國家之道」的完整論述。

林會長，各位世台會的前輩先進，各位台灣國的主人，大家午安，大家好：

今年大會的主題是『迎接二十一世紀的新台灣』，建設台灣迎接二十一世紀的來臨，是咱台灣人民共同的夢，這個夢使咱充滿無限的盼望與期待，也使每一個台灣人民的生命，充滿了生機與活力。

但是在這個美麗的憧憬之後，咱所必須面對的，是一大堆橫阻在咱眼前的困難與挑戰。這些困難與挑戰不但個個棘手，並且有其迫切性，甚至是三、五冬內需要有決定性的處理，否則台灣前途難保不會再走入另一段悲情的歲月。因此今日雖然咱在此用歡喜的心情來參加這次盛會，但是從另一個角度來看，這是歷史給咱台灣人民的考驗，考驗著咱台灣人民是不是能夠接受挑戰，是不是可以走出悲情的歲月，改變咱台灣人民的命運，邁向咱台灣光榮的前途。

因此，就在今日，在這個台灣歷史上最關鍵的時刻，我要呼籲所有愛台灣，疼惜台灣的朋友，共同把『迎接二十一世紀新台灣』的目標化為行動，立即投入建設新台灣、新人民、新文化、新憲法、新國家的行動。

台灣社會，自一九八七年解嚴以來，有幾個咱需要面對的問題：在政治上，有國家認同、國家定位的問題，同時憲政非常混亂，民主政治雖然有進步，卻仍停留在初級階段——關說貪污，金權政治及選舉買票文化，都是很嚴

重的問題；在社會上，黑白兩道掛鉤，治安惡化，交通混亂，一個美麗島已經變成垃圾島，國民所得雖然非常高，但社會福利幾乎等於零；在經濟上，工業升級慢，企業家只求利潤而不負社會責任，只求個人成本低，而不問社會成本高；只看短期建設，不看長期發展；只求物質滿足，不求精神昇華；在文化上，物質水準雖高，但道德水準低落，經濟發展有，但社會文化發展落伍，有形建設有，但無形建設慢。歸納來說，台灣有國家定位及如何重返國際社會的問題；也有政治如何民主化，經濟如何永續發展的問題；更有如何塑造台灣新文化的問題！

再過六年就要進入第二十一世紀，我個人認為要解決咱所面臨的問題，改造台灣，迎接二十一世的新台灣，咱應先了解世界的潮流及國際的情勢；因為資訊發達的結果，世界已變成一個世界村，台灣當然無法自外於國際社會；也唯有經由對世界潮流的了解，才能找出解決台灣問題的方法。

因此在此我想簡單提出一些世界明顯的潮流。第一，自蘇聯帝國崩潰以後，冷戰時代已經結束，意識形態掛帥的時代亦已經終結，國際社會呈現多元化的景象，國際政治已經重組，重新洗牌，每個國家也都採取全方位的外交政策；第二就是經濟領導政治，軍事集團已經瓦解，目前呈現政治分治，經濟整合的趨勢，也就是政治上都在『分』，經濟上走向『和』的路；例如歐洲聯盟(EU)，美

國、墨西哥、加拿大也組成「北美自由貿易區」(NAFTA)，甚至墨西哥更與委內瑞拉、哥倫比亞組成一個自由貿易區；東南亞諸國最近也仿效歐洲聯盟，由原先的六國擴充為十國的『擴大東南亞國協』(ASEAN 10)進行區域經濟的整合；而非洲團結組織在完成反殖民地及反種族隔離的階段性任務之後，亦調整以經濟整合為新的訴求。這些都是在說明「以經濟領導政治」的世界潮流；第三個大趨勢就是世界村的觀念，因為資訊的發達，許多消息都可以爬過高山大海，迅速地讓世人所知，所以世界村的觀念不但是一種理想，而且已經是一種世界潮流。以CNN（美國有線電視台）為例，因為資訊以光的速度傳達到世界各角落，所有發生在遠處的消息都如同發生在隔壁的事情一般，過去的新聞是報導已經發生的事情，現在的新聞則是報導正在發生的事情，甚至許多政治家都看CNN的報導做即時的決策，所以這是世界一個大的趨勢。因此要解決台灣所面臨的困境，在此我要提出『世界觀點，本土行動』(think globally, act locally)的想法；也就是要有開闊的國際視野、世界觀點，但在台灣本土來落實推動。

在這樣的認識之下，我想提出一些對台灣問題的思考：

◎ 確立台灣的國家認同

台灣所面對的一個最基本問題，就是國家定位與國

家認同的問題。我們獨盟認為，要解決國家定位錯亂的問題，就應該清楚地主張「一台一中」的政策。因為如果沒有主權的獨立，對內的經營發展是無根的、無法保障的；所以我常常說台灣主權的獨立是台灣人民的生存權，台灣內部經營發展是台灣人民的發展權。但是，兩岸的當政者都主張一個中國，甚至統一的政策，這種做法是不符合台灣利益，違反絕大多數民意的。最近紐西蘭電視台在介紹台灣節目的開場白，就說『世界上有一個國家，但又不是一個國家，這就是台灣』，美國哥倫比亞大學教授Andrew Nathan也說『台灣是當今世界上唯一不敢承認自己是獨立的獨立國家』。事實上，台灣的經濟實力、外匯存底、人民教育水準等各方面的表現，都足足有餘成為一個主權獨立的國家；不但在國際社會可盡義務，扮演一個積極的和平角色，更可將台灣經驗傳承給第三世界國家。針對日前在台北舉行的焦、唐會談，在此我要提出一些看法。絕大多數的人認為在台灣獨立之前，中國不會放棄犯台的野心，其對台灣的策略基本上是：在國際上孤立台灣、在政治上矮化台灣、在經濟上引誘台灣、在軍事上威脅台灣、在文化上滲透台灣，其犯台的野心，在台灣未獨立之前是不會改變的。因此，在台灣要突破國際主權獨立的過程中，我個人認為在政治上應首先確立國際外交優先於台、中關係的政策，降低大陸熱；其次，落實南進政策，加強與台灣有文化、歷史、地理淵源的東南亞各國的

關係，進而參加東南亞經濟圈，再進而形成東南亞安全體系及文化圈；第三，迫使國民黨廢除違反民意，無法源基礎的黑機關——國統會。在經濟上，目前許多台商都將台灣勞力密集的夕陽工業遷移到中國大陸，雖然日本與美國亦採如此做法，但是大陸投資對美、日兩國來說是純粹的經濟問題；對台灣而言，台商對大陸的投資，不只是經濟問題，更嚴重的是牽連到政治問題；尤其因為台灣前途的不確定性，企業家不敢作長期的投資，產業無法升級，因此勞力密集工業的外移，更造成台灣產業的空洞化。這個問題尤其值得我們思考。

　　為因應台灣與中國的經濟關係，我們亦有一些想法：第一，以減稅鼓勵各企業增加其研究發展的預算，促進產業早日升級；第二，加速國營事業的民營化，促使資金在市場上活絡，提高企業效率；第三，與東南亞保持良好關係，因為台灣與東南亞的歷史、文化、族群等關係提供台灣與東南亞保持良好關係的基礎，在這個基礎，台灣可與東南亞各國合力組成經濟共同圈。第四，改變台商的國際觀。目前台商在大陸的投資，中國政府不願給予任何保護，而在台灣的政權亦無能力給予絲毫保障，因此目前應透過與外國的合資經營(joint venture)，才比較安全。第五，就是加強台灣人民的整體觀念，比如最近發生的千島湖事件，在案情尚未明朗，證據尚未充分之時，台灣的旅遊業者未能顧及堅持台灣人民的立場，而吵著爭取早日恢

復前往中國的旅遊業務，這種只顧個人利益，不問整體立場的作風，值得我們反省與思考。總而言之，根據個人最近在國外的一連串拜訪，深深覺得只要清楚對外聲稱咱的主權及治權只及於台澎金馬，大陸的主權不屬於我們，並且以台灣的名義重返國際舞台，台灣的國際空間是相當廣闊的。個人也覺得，目前台灣獨立的問題，不是國際問題，而是台灣內部的問題，我們應儘快解決國家認同混亂的問題，凝聚國民意志，使台灣獨立建國的願望成為全體台灣人民共同努力的目標。

◎ 民主的真諦

　　在台灣民主發展過程中，許多前輩為了爭取民主自由而流血犧牲。目前台灣的民主政治發展，雖然已有進步，但台灣的民主是『以示民主』；民主只是表演的一部分，整個民主政治的基礎仍不夠穩固。很多人以為民主就是選舉投票，這種觀念是不正確的，何況目前台灣的選舉還有賄選買票文化。其實從制度面來看，民主應該包括司法獨立、軍隊國家化、公平的選舉及公正媒體第四權的建立。因此，單就制度面來看，台灣的民主前途還得努力一番；但是民主更重要的是一種做人素養的問題，不但服從多數決，更需要尊重少數人的權利及利益。民主不但是一種制度，更是一種生活方式、生活文化，要在日常生活中落實民主的觀念，這樣民主的基礎才會穩固。西方有句話說『

民主與自由是一件容易吞下去，但卻很難消化的東西』，就是這種道理。所以我們不但要追求制度上的民主，更要將民主內化為我們文化及生活的一部分。

◎ 經濟永續發展之道

　　台灣早已是一個以貿易立國的國家，促使台灣經濟進步的一大動力，乃在於台灣同胞人人有創業的精神。尊重台灣人民打拚創業的精神，以經濟建國，是建立台灣經濟主體性不可違反的基本原則。但是單憑這個原則是不夠的。因為台灣人民打拚創業的精神背後，並未必然伴隨著企業人對社會責任的意識，所以台灣社會發生許多勞工、環保等社會不公的現象。這些問題的產生，使我們付出很大的代價，造成反商的情緒，甚至有一些人更企圖藉此反商情緒，希望採取與企業『衝突／妥協』的過程達到『進步』的目的。我以為這不但有礙台灣人創業精神的發揮，更將企業人有可能負起社會責任的可能性抹煞，會造成經濟停滯，社會衝突等等社會成本高漲，阻礙台灣經濟主體的形成，扭曲經濟社會的機能。我認為唯有促使企業逐步將社會責任的概念，內化為創業精神之內，才是唯一有效的途徑。譬如在環保方面，應提倡經濟發展與環保取得平衡的雙贏政策，亦即綠色企業的觀念。我認為促使企業綠色化就遠比政府訂定一大堆罰則重要；促使企業之間以其綠色化的程度做為其競爭的優勢，不但可以轉化現在企業

的體質，更可促使新企業的誕生，可以達到將創業和社會
進步合而為一的目的。

　　其次，應該培養台灣企業家現代化的管理經營能力；
我常說在台灣有資本家但無企業家，在世界百富排行榜
中，雖然常有台灣資本家的名字出現，但是台灣的資本家
除了有錢之外，很難看到有現代化管理的概念。現代一個
國家的進步與繁榮，主要靠現代化管理經營的能力，不是
單靠擁有的天然資源。比方說日本除了水之外，沒有其他
天然資源，可是因為有現代化的管理經營能力，所以能夠
在天然資源匱乏的情況下，仍能成為世界經濟強國；再如
香港連水都得依賴廣東的輸送，也可以成為經濟繁榮的地
區；飛機一起飛便飛出國界的新加坡，一樣也成為經貿強
盛的國家。有人說瑞士是世界上最貧窮的國家，但是有最
富有的人民，也是一樣的道理。台灣雖然天然資源匱乏，
卻有豐富的人力資源，只要能運用現代化的管理經營能
力，一定可以建設一個富有幸福的東方瑞士。

◎ 塑造台灣的新社會文化

　　人文的建設，也就是社會文化的改造，價值觀念的重
建，是目前台灣所面對最基本且長遠的問題。人講文化的
力量是比較長久而深刻的，而政治的力量是比較短暫而浮
面的。西方人也說 "Economics is the power of reality, but the
culture is the power of trust" （經濟是一種現實的力量，而文化

卻是一種信心的力量）。就像我前面所提到的，台灣物質水準高，但是道德水準低；有形建設有，無形建設落伍；經濟發展蓬勃，但社會文化發展落伍。所以有人說台灣是文化沙漠，甚至有人說精神心靈的污染是台灣最嚴重的生態問題。在政治方面，我們常常談到如何來改革我們的制度，但是制度只是硬體的建設；如果沒有軟體的建設，也就是社會文化的配合，再好的制度也沒有辦法去有效地運做。《苦海餘生》作者包德甫在北京時，就觀察到一個有趣的現象。中國全民健保的制度雖然設計用心良苦，但社會文化卻無法配合；例如平常上班的時間，病房裡總是充滿病人，可是逢年過節的時候，病房裡的病人全都跑光了，好像逢年過節病都會好的樣子。再如台灣雖有公保、農保及勞保，但有人沒病卻常跑醫院拿藥，真的生病卻反而沒辦法去病院看病。所以我個人覺得台灣需要一場道德的大改造更甚於政治的大改造。而道德改造的過程中，除了長期的教育之外，政治工作者尤其應該扮演火車頭的角色。所以我在這次競選民進黨主席的時候，就以改變政治文化為主要訴求之一；一個富而貴，有文明又有文化的社會，才是一個政治制度可以有效運作的社會。新國家、新憲法、新社會、新文化的塑造是一種全方位的改造運動，唯有從最基本、長期的文化工作做起，所有的改造才有可能，才可穩固不變的。

今年是世台會成立的第二十週年。世台會的會旨是

在促進鄉誼，互助互惠，建立海內外台灣同鄉的大家庭，並全力維護所有同鄉的人權與利益，合力促進台灣之光明前途，二十年來經過歷任會長的領導與努力，世台會的成就與貢獻是有目共睹的，受到海內外台灣人民的肯定及感謝。尤其最近更積極推動「台灣」正名運動，一來讓台灣人民確定自己的身分，以當台灣人民為榮。二來讓國際人士認識台灣，以台灣的名義加入國際組織，促使全世界接受『台灣是台灣，中國是中國』這個鐵的事實，為我們二千一百萬人民開創新局。

世台會成員遍及世界各國，其中包括許多西方先進的國家，在『迎接二十一世紀新台灣』的歷史時刻，相信世台會在引進新觀念、新思潮、新思想，引領台灣社會現代化的路途上，必能扮演一個非常重要、關鍵性的角色。

冒險、奮鬥、開創、苦幹是咱台灣人民的優良傳統，只要咱能用國際視野、世界的觀點解決國家認同的問題，在政治上、經濟上、文化上建立台灣的主體性，咱一定有能力建立一個現代化的政府，治理一個現代化的社會，發展一個現代化的國家；使台灣人民成為一個現代化的國民，二十一世紀的新台灣必然是美麗璀璨的。

「西進、南進、不如自己上進」

一個外行人，看台灣的經濟困境

　　作者自卸下公職以後，常常走訪台灣南北各地，聽聽各界對台灣前途的看法及意見。在走訪請益的對象中，有中小企業主，也有財團大企業；有白領階級，也有販夫走卒、計程車司機。各個階層都透露出一個共同關心的主題：錢難賺、生意難做、生活難過。台灣的經濟到底出了什麼樣的問題？

　　推動台灣獨立的運動者，過去一向比較注重國防、外交與國家定位等議題。但是如果台灣的經濟日漸衰退，並且過度依賴中國，造成「以經促統」，則不待國防與外交之手段，台灣自然而然被中國併吞而致安樂死，則國際社會是無法插手幫忙。現任的美國國防部長羅勃蓋茲(Robert M. Gates)，1986年被雷根任命為中央情報局局長時，他的首要任務，即是「將經濟視為國家安全的首要事務」。此一認知，正說明了經濟民生的重要性，也反映了台灣獨立運動面臨的窘境。

　　雖然作者是經濟的外行人，但是嘗試著把各方的聲音與想法，作一個初步的整理。就當作是獻曝的野人，深盼大家能從中獲得些許啟發，共同關注台灣的經濟困境，思考將經濟問題與獨立運動相結合，相信一定能開發出一股新的獨立運動的能量。(2002年10月)

◎ 台灣目前的經濟狀況

行政院主計處二〇〇二年第二季發表的數字：國內生產總額GDP(-1.11%)，國民平均所得Income per capita(-12.1%)，民間投資(-6.58%)，外僑投資(-68%)，工業用電(-4.5%)，銀行放款(-3.54%)，八月份失業率創新高(5.35%)。

從官方發表的正式記錄來看，顯見經濟衰退，稅收減少，銀行呆帳高築，銀行放款負成長，工廠歇業增加，失業率攀高，私有財富縮水，股價低，貧富差距拉大，政府負債約三兆二千億，台灣的經濟狀況，確實令人擔心。

◎ 台灣在中國投資的數據

根據統計，台商在中國的人數高達四十至五十萬人之間，工廠約五至六萬家，投資金額估計約在美金七百億至一千四百億之間，佔台灣GDP的百分之二點四，是美、韓對中國投資的八十倍。二〇〇二年台商對中國的投資，已達台灣海外投資總額的百分之五十點一，與前一年同期相比，二〇〇二年上半年，台商赴中國投資又增加百分之十二點八七，總計台商在中國至少提供三百萬個工作機會。以中國的資訊產業為例，在二〇〇〇年獲益二百五十五億美元，其中百分之七十出自台商投資的公司。二〇〇一年前往大陸的台灣人即有三百四十四萬人次，花費估計一千億，甚至出現「中屋台買」的置產風潮，上海地區隱然成為台灣人購屋居住的熱點。

　　根據監察院調查報告，匯回台灣的資金僅佔匯出資金的百分之一點一八，資金大量流血，二○○一年台灣對中國出口的比重躍升為百分之二十五，加上香港即高達百分之三十，中國已成為台灣首要出口地區。足見台灣對中國經濟的依存度太高，台灣的產業、人才、資金、技術、管理經驗大舉西移，導致國內產業空洞化的經濟困境，經濟面過度依賴中國的結果，很可能導致政治面的被吞併。

◎ 中國的經濟狀況

　　根據中國國家統計局發表的統計：二○○二年的經濟成長率第一季是百分之七點六，第二季是百分之八，高於預估的百分之七，固定資產投資比去年同期增加百分之二十一點五，消費者物價比去年同期下降百分之零點八，出口成長率增加百分之十四點一，進口成長率增加百分之十點四，外商直接投資增加百分之三十一點五，外匯存底二千四百二十八億美元（一年增加三百零六億）。中國經濟如此蓬勃的原因，在於：I. 出口強勢，II. 政府支出增加，III. 外國投資的湧入。中國已儼然成為世界製造工廠，在全世界不景氣的大環境中，是唯一維持高成長的國家。

◎ 中國經濟的「時蹟」

　　面對如此蓬勃的經濟發展，中國依然有其潛在的危機，包括瑞士洛桑國際管理學院等機構，都曾針對中國

的經濟危機提出以下的警訊：政治貪污腐敗、貧富差距擴大、銀行呆帳、國營事業賠損、失業率高、工人罷工示威、加入WTO面對的挑戰、接班問題、壓制法輪功、資訊流通不易控制等。

◎ 台灣的經濟問題出在哪裡？

（I）扁政府對中國的政策太過於「善意」，甚至搖擺不定：

從陳水扁就職演說中的「四不一沒有」到大談新中間路線；從經濟統合論到追求政治統合的新架構；從憲法一中論到大膽島談話；從三通是必走之路到開放八吋晶圓西進；從積極開放、有效管理到OBU對大陸台商放款，金融業西進。政、經是無法分離的，在總統作了這麼多政策上的宣誓後，難怪民間會「先行」，企業界會大膽西進。

一直到二○○二年與諾魯斷交，陳總統才恍然大悟，強調要走自己的路，走出台灣的路，走出台灣的前途；最近在世台會更明確地講出「一邊一國，公投立法」，希望陳總統今後要堅守住這個基本立場，不要再退縮或搖擺不定。

（II）政策方針與推動落差太大，甚至背道而馳：

二○○一年全國經濟發展會議的共識：「台灣優先，全球佈局，互惠雙贏，風險管理」；扁政府施政拚經濟的口號：「台灣優先，投資優先，經濟優先」；甚至最近在

大溪會議更加上「投資台灣優先」。這些政策方針,確實相當正確,然而,如果講是一套,做是另一套,充其量只是口惠而實不致。

拚經濟的結果卻變成拚開放,拚三通;全球化變成大陸化,放任西進;積極開放,有效管理變成高談開放,空談管理,開放是玩真的,管理是玩假的。導致「錢進中國,債留台灣」、「壯大中國,掏空台灣」,陷入中國的「以商圍政」、「以民逼官」、「以通促統」、「以經促統」的策略。

(III) 太多的選舉考量:

「只有做一任的打算,才有做下一任的機會」,陳總統曾經如此說過,然而整個中央政府,卻彷彿是一部選舉機器,以選舉治國,為選票施政。過於在意二〇〇四年總統大選的結果,就是導致政策上無法堅持、執行上無法落實,總統候選人的身分,超越了國家元首的角色,徒然給人保衛政權遠重於保衛台灣的印象。

◎ 外國的擔憂

(I) 二〇〇二年七月美國國會的U.S.-China Security Review Commission (美、中安全檢討委員會) 公佈「美、中經濟關係對國家安全啟示」的報告。這份報告特別提出了幾點訊息:

1. 中國正在崛起,二〇五〇年將成為全球經濟及軍

事強權。

2. 美國對中國製造業的依賴度逐漸提高。

3. 中國是導彈技術及核武製造原料外流給支持恐怖主義國家的主要來源之一，構成對美國國家利益的威脅。

4. 台灣與中國在高科技產品和供給鏈方面的整合，給美國帶來經濟利益，但也形成戰略挑戰。這種經濟策略有其風險，因為台灣的經濟發展，跟兩岸關係的起伏相連結，中國可以威脅限制或切斷台灣對中國的貿易與投資，中國也可以凍結台灣在中國的資產，更有可能是中國會直接影響台商，以運用其經濟優勢牟利。中國確實向正在中國營運或有意到中國營運的台商施壓，要求其支持傾北京的政策。

5. 委員會更近一步認為兩岸高科技的整合，也使美商對中國依賴增加，未來在商業利益的驅使下，美商可能加入台商，對台灣領導人施壓，要求台灣經濟進一步與中國整合，這對美國是一項戰略挑戰。

（II）一向親台的知名中國問題專家 Nancy Tucker（康耐心），約在同一時間，在 *The Washington Quarterly* 發表了以「如果台灣選擇統一，美國應該在乎嗎？」為標題的專論。他認為兩岸經濟整合愈來愈明顯，台灣對中國依賴度愈來愈深，這種不顧台灣國家安全的中國熱，「和平統一」不再是完全遙不可及。一旦經濟整合或統一，會使美國擔心對台灣輸出的軍事科技或民用科技，未

來將外洩到中國。換言之，軍售台灣，可能反而對美國有害。華府必須開始思考，一旦統一，對美國在亞洲戰略利益的影響。

（III）日本輿論認為兩岸因經貿關係逐漸密切化，受到經濟統合的效應，台灣、中國經濟一體化的影響，觀察到台灣真正的生存危機在於「認同感的質變」。

（IV）中國的軍事現代化，不只威脅台灣，也對美國的軍事武力構成威脅。中國對台的軍事策略，早期是以「攻佔台灣」為戰術，後來則改為以強勢戰略「脅迫台灣」，加上飛彈攻擊和海上封鎖，速戰速決，以瓦解台灣的抵抗意志，並配合資訊戰等「不對稱」戰法，阻截美軍的干預，迫使台灣在短時間內按照有利於北京的條件進行談判。不過最近，中國對台的戰略則是以經濟戰為主的超限戰，用經濟拉住台灣，「以經促統」。難怪中國官員現在甚至認為，中國不需要打下台灣，只要買下台灣就可；統一不用硬打，只要軟買就可。

（V）美國駐台辦事處處長包道格表示，如果台灣繼續視中國大陸為經濟上的威脅，恐有被孤立與失去商機的危險，台灣必須建設成為具吸引力的投資環境，擴大台灣的國際空間，招攬外國投資。

（VI）最近訪台的李光耀亦點出，中國磁吸效應的確可怕，並認為台灣經濟一定要重新發展起來，否則未來的考驗會更沉重。

◎對中國的吸力，台灣的驅力，評估扁政府目前提出的幾個對策

（I）成立金融重整基金：政府為了打消呆帳，降低逾放比，提出所謂258金融改革方案，基金預算由過去的一千四百億暴增至目前的一兆五百億，是台灣GDP的百分之十。但是接管不良銀行，拋出大量不動產，會加速房地產價格進一步下跌，導致資產縮水，反而造成另一波的呆帳。逾放如同野草，春風吹又生。258金改計劃，勢必夭折，何況又有道德風險、趁機掏空之嫌，而且最後銀行勢必因政府重整而獲利。因此金融呆帳之解決，絕非經濟復甦的條件，首要條件應該是先提振景氣。

（II）新投資五年內免徵營利所得稅：用意良好，但可能造成關舊開新。

（III）南向政策：固然可以分散投資風險，但西風已成強風，要吹南風，時機已晚，南風大概會弱不成風，南向政策無效。就算是南向政策有效，如果西風沒有減弱，台灣經濟反而是雪上加霜，加速台灣經濟慢性自殺。

（IV）成立一兆的振興產業優惠基金：以優惠利率及條件貸與想根留台灣的企業，尤其是中小企業。這是振興國內產業的重大政策之一。一兆基金來源，本意是以來自銀行的游資為主，但最近傳出重點似乎是既有機制的擴充，將開發基金、中長期基金、中小企業信保基金、傳統產業振興基金、創投基金等，拼拼湊湊，將現行各貸放辦

法的額度增加而已。換言之,一兆基金並不是額外的,而
是附加在現行已存在的各項貸放機制,有如大廚把冰箱的
剩菜存貨,重新炒過,便成一桌大餐一樣,其誠意令人疑
慮。其實,非常狀況,需要非常措施,兆元振興產業優惠
基金必須是額外的,配合其他現存的基金,才可扭轉目前
的經濟困境。因此振興產業優惠基金是否可以有效落實到
產業發展,有待觀察。

　　這些零零散散、前前後後分別提出的政策,令人覺得
腳痛醫腳,頭痛醫頭,沒有整體的配套方針。

◎ 南韓、新加坡成功的經驗值得借鏡

　　一九九七年在亞洲金融風暴中,金大中接任南韓總
統,曾說他接收了一個破產的政府,政府債台高築,企
業呆帳嚴重,股市低迷,經濟負成長(-6.7%)。但經過一番
策略調整,韓國的經濟表現相當亮麗。經濟成長率由一
九九七年的負成長-6.7%,躍升至一九九九年+10.9%、二
〇〇〇年+8.8%。甚至在二〇〇一年受到世界不景氣的影
響,也有百分之二點六的正成長(台灣呈-2.2%的負成長),二
〇〇二年預計可達百分之六點五,失業率也只有百分之二
點八,房地產欣欣向榮,比前一年上漲,股市二〇〇二年
開盤以來,至三月中亦上漲百分之二十四,傲視亞洲。

　　到底韓國成功的祕訣在哪裡?主要採取了下列策
略:

（I）清算不健全的金融機構，解散或縮編前三十大財團。

（II）大膽將韓元巨幅貶值，促進出口。

（III）但最主要的成功之道，在於決定「國內拚投資」的政策。盡量壓縮海外投資擴張（一九九九年對中國投資僅僅二億美金），政府與民間積極推動國內投資，專心於國內產業之升級，政府大量提前投資基礎建設。這種固守城池、落地固本的政策，使韓國經濟在短短幾年有了亮麗的表現。

新加坡當初也有很多人到中國投資，那時也面臨了台灣現在所面臨的中國磁吸問題，新加坡亦採取類似韓國的策略，改善國內投資環境，提供租稅優惠，使其經濟轉好。

◎ 西進、南進，不如自己上進

假如自己國內的經濟無法搞好，國內投資環境持續惡化的情形下，仍一味向外投資，這是逃難式的國際化。目前首要政策，釜底抽薪的解決辦法是「拚投資」，非「拚開放」，將有限之金融資源分配於國內產業的需求，改善國內投資環境，提高投資意願，創造投資機會，創造就業機會，振興國內產業，減少金融逾放款，甚而吸引外商來台投資。

個人以一個外行人的角度，試著提出下列的具體方

案：

（Ⅰ）成立「輔導企業發展基金」，以補貼利息、信用保證等優惠辦法貸款給國內廠商。

（Ⅱ）國內閒置的工業區、廠房，予以減租甚至免租金，使其充分利用。

（Ⅲ）台幣大力貶值。

（Ⅳ）政府擴大內需，提早並且全力推動各項基礎建設。

（Ⅴ）成立金融重整基金，整頓不良的金融機構。

（Ⅵ）租稅優惠。

（Ⅶ）法令鬆綁。

（Ⅷ）改變外勞政策，凡雇用本國勞工的廠商，相對給予一定比例的外勞名額，同時外勞薪資不必適用勞基法基本工資的保障。

（Ⅸ）政府可考慮參與投資，提供資金，分擔風險。

（Ⅹ）政府辦理人才培訓。

（ⅩⅠ）輔導產業升級。

（ⅩⅡ）發揮群聚效應。

◎ 結論

西進、南進，不如自己上進。扎根台灣，則振興國內產業，再創台灣經濟的第二春，應該指日可待。

台灣主權獨立的新思維

　　2007年年初，李登輝前總統接受媒體專訪，提出
「台灣已經是一個主權獨立的國家，但不是一個正常
的國家，需要透過正名、制憲使國家正常化」、「統
獨是假議題」、「追求台獨是退步的」等等言論，
引起各方不同的看法、議論與批評，尤其直接衝擊
到「台灣獨立建國聯盟」的主張，聯盟乃決議就台
灣的國家定位、台灣是否已經獨立等議題舉行研討
會。本文係作者於2007年4月21日，在墾丁座談會中
所發表的看法。

◎ 從「台灣獨立建國聯盟」談起

　　一九七〇年，四個海外獨立運動團體與島內的台灣
自由聯盟共同組成世界性台灣獨立聯盟，一九八七年正
式改名為台灣獨立建國聯盟，顧名思義，不僅要以獨立為
目標，更要達成建國的宗旨。然而近四十年來，國際局勢
在變，島內社會環境等客觀條件也在改變，在目標與宗旨
不變的前提下，「獨立建國」的觀念，以及推動運動的戰
略，也需要與時俱進，有所因應。

　　根據我的了解，台灣主權獨立議題，大約有四種論說：一、台灣根本尚未獨立。二、台灣是事實上獨立，法理上尚未獨立，要以正名、制憲來完成「法理獨立」。三、民進黨主張，台灣是主權獨立國家，固然依目前憲法規定稱為中華民國，但與中華人民共和國互不隸屬，任何有關獨立現狀的改變，都必須經由台灣全體住民以公民投票的方式來決定。四、李登輝的主張，台灣是一個主權獨立的國家，要推動正名、制憲，使國家正常化。

　　二次戰後，大多數新興民族國家，乃是以一種遽變的方式，諸如革命、公民投票等，來取得國家主權的獨立與被承認。比起這些國家，台灣主權運動的演變過程，並非是革命推翻或是公民投票的遽變式，而是漸進式、演變式。正由於台灣主權演變的過程是漸進式的，政黨輪替是「繼承」而非「推翻」，所以要清楚的界定台灣是否是個主權獨立的國家，確實很難定論。

　　國民黨政府自一九四五年來到台灣，一直到一九九〇年以前，普遍被認為是一個外來的獨立政治實體。但是，歷經動員戡亂時期臨時條款的廢除、國會的全面改選、總統直選之後，統治的正當性逐漸強化，中華民國漸漸台灣化，所以有「中華民國在台灣」的說法。在與中國漸漸切割的過程，演變成「台灣中華民國」，後來更演變成李登輝所說的「台灣是主權獨立的國家」。陳水扁在二〇〇五年也提過「中華民國演進的四階段論」：中華民國

在大陸、中華民國到台灣、中華民國在台灣、二〇〇〇年政黨輪替後「中華民國就是台灣，台灣就是中華民國」。這些不同的說法，正足以證明台灣主權的演變，確屬漸進式的轉變。

在學術上有一篇很精闢、有價值的論述，就是張英哲所寫的「台灣主權獨立的論述與辯正」，他提到主權是否獨立，可以用「內部主權」和「外部主權」來檢視。就「內部主權」而言，係指一個國家權力在一定的領土範圍內，做為最高權力者與它所統治的人民之間的關係；換言之，對內要有自主性與獨立性。台灣經由國會改選與總統民選等，內部主權已經相當完整。就「外部主權」而言，是指國家與國家關係的獨立性，亦即是指台灣國家權力與國際間不同國家的權力關係（不能單方自我認定）。台灣的邦交國，加上近年復交的Saint Lucia，只有二十多個國家與台灣有正式的外交關係，尚未得到國際社會普遍的承認，因此台灣的「外部主權」是殘缺的。所以他認定雖然台灣已擁有實質的國家內涵，對內事實上是一個獨立的國家(de facto Independence)，但對外尚未得到國際社會普遍的承認，法理上尚未獨立(de jure Independence)，因此台灣還不是一個完整的主權獨立國家。

由於台灣的主權運動是演進式、漸進式的，無法清楚有階段性的切割，學理上的論述也眾說紛云，因此爭辯台灣是否已經獨立很難定論，正如我們要論斷一個國家是否

真正民主一樣困難,是沒有多大意義,反而會陷入過度學院式的爭論。

回想一九七〇年成立世界性台獨聯盟時,我們的目標非常遠大,就是「獨立建國」。然而在獨立建國之前,我們也以務實的做法來推動:組織同鄉會、救援政治犯、成立人權會、教授會、FAPA、創辦台灣公論報、示威遊行、告洋狀,後來向島內做文宣、發展島內組織、與島內的黨外與獨派交流結合,漸漸完成一些成果,包括:政治犯釋放了、戒嚴令解除了、言論自由了、媒體開放、修改刑法一百條、解除黑名單、開放黨禁、國會全面改選、總統直選,陸續完成各階段的任務。也正因為這些階段性的任務陸續完成,才使得獨立建國的目標變得明朗可行。

李登輝二〇〇七年年初發表「台灣是主權獨立國家,推動正名、制憲,使國家正常化,統獨是假議題」等言論,引起各方不同的看法及批評,尤其是基層支持者的反彈。不過,在經過短時間的沉澱後,不少獨派檯面人物的談話或廣告刊登,已不再使用「台獨」這個字眼,反而改稱「國家正常化」,包括呂秀蓮、游錫堃、陳隆志、辜寬敏、蘇貞昌、謝長廷等。甚至,游錫堃也進一步推動以「正常國家決議文」來取代或補強民進黨一九九九年通過的「台灣前途決議文」。這些改變,也代表李登輝的言論確實值得大家重新省思。

關於李登輝的這項論述,我認為他的立場一向就是

如此，並沒有改變，我們不必感到錯愕。其實，所謂「李登輝是台獨教父」的桂冠，是他人所賦予的。群策會在二○○六年五月刊登李登輝所發表的一篇文章「台灣存亡危機拯救之道」，引述一位日本學者伊藤英樹針對「台灣的法律地位」的說法：「台灣不只事實上，法律上也是主權獨立國家。」這是可以拯救台灣的理論與主張，當時李登輝表示值得參考，弦外之音，確實如此。

因此，現階段我們應以務實的態度，把精力集中去推動尚未完成的事情，不必浪費太多心血去爭辯台灣是否已經獨立。歷史上，社會主義者誰是「正統」、誰是「修正」的爭論，都曾經讓馬克思感嘆，自稱他不是「馬克思主義者」。鄧小平在中國「改革開放」時，就始終「堅持不搞爭論」，「不必要的仗不打」，因而改革終於成功。這些例子值得我們借鏡。尤其從推動運動的戰略角度來思考，我們更應採取對我們最有利的戰略立場，當然這個立場不能偏離社會認知與學理論述。換言之，當務之急，應該是重新尋找符合社會認知與學理論述的戰略制高點。

◎ 推動獨立建國的三個面向

我的看法及主張是：「對外主張台灣已經是一個主權獨立的國家，對內則推動正名、制憲，使台灣國家正常化」，與李登輝的主張相當接近，但絕對要避免使用「統獨是假議題」，「追求台獨是退步的」等不必要、情緒性

及刺激性的字眼。這種立場與目前社會的認知相當吻合，亦沒有偏離學理的論述太遠，尤其更讓我們站在最有利的戰略制高點。

（I）當前台灣社會的共識：

就台灣前途來說，目前台灣社會最大的公約數是什麼？國策研究院二〇〇六年曾做過幾項民調，也許可以做為台灣社會共識的佐證：

1.有人說台灣的前途應由台灣二千三百萬人民來決定，請問您同不同意這種說法？乍看之下，這個題目彷彿是為民進黨而提問的，因為這是民進黨一貫的主張。統派郝柏村曾經主張，要與中國十三億人民一起決定。但民調的結果，卻呈現對這個問題的主張，是不分藍綠的，有百分之八十七點一同意（其中有許多泛藍選民），只有百分之五點五不同意。

2.中共制定的「反分裂國家法」主張：對於台灣和大陸主權爭議的問題，中共可以使用非和平的手段來解決。請問您同不同意中共這種主張？結果不同意有百分之八十八點七，同意的僅僅百分之五點二。不管藍綠，其立場是相當一致的。

3.中國制定的「反分裂國家法」主張台灣是中國的一部分，所以中華民國不是主權獨立國家：百分之七十七點二不接受，百分之十二點七接受。這亦是不分藍、綠，大部分的人目前還可以接受中華民國是一個主權獨

立的國家。

　　不同機構所做的民調雖然在數字上有些差異，但趨勢卻是相當一致的。

　　另外還有其他的民調顯示了一個很有趣的現象，是有關身份認同的民調。記得一九九一年我剛從美國回台時，當時的民調顯示：認同自己是台灣人的，只有個位數的比例；認同自己是中國人的，則超過百分之六十，認為自己是台灣人也是中國人的比例則居中。但在二○○七年，不同機構所做的民調，都呈現與當時相反的結果：認同自己是台灣人、不是中國人的，已達到百分之六十以上，有約百分之三十的人認為自己是台灣人也是中國人，只有百分之五至七的人自認是中國人。其中令人欣慰的是：自認是台灣人的以年輕一代居多，原以為他們接受中國式教育，會認為自己是中國人，結果卻不是。可見台灣主體意識、自主性已大大提升。

　　甚至有一個民調問：當中國大陸達到如同國統綱領所說的自由、民主、均富時，是否同意和中國統一。也就是說，當台灣與中國各方面的水準一樣：即國家領導人由人民民主選舉產生、國民平均所得一樣、社會文化皆優質化時，願意和中國統一嗎？只有三分之一的人同意統一，三分之二的人是不同意的。如此看來，我認為台灣人民想和對岸經濟融合但政治分離的主觀意願，是相當清楚的。

　　由此可見，不同的民調，其實都指出相同的結論：政

治人物所爭論的，其實與一般人民的想法，有相當大的落差。實際上所謂藍、綠選民並沒有很大的差異，問題並不那麼嚴重。從這些民調我們發現：

1.台灣前途的任何改變，只有二千三百萬台灣人民才有權利決定。

2.台灣前途必須和平解決。

3.台灣是一個主權獨立的國家，不管叫做「台灣」或「中華民國」。

這三個共識是目前台灣社會最大的公約數。所以我們不應該繼續停留在過去習慣性凡事對抗的思考邏輯：一味強調藍綠間的矛盾與差異，尤其為了選舉過度炒作，硬將台灣切割成藍綠兩陣營，形成互相否定、互相消滅的零合局勢。我們應該轉個方向，以新的思維、新的視野，以「解決問題」的態度，擴大有共識的議題，縮小彼此的差異，努力思考如何運用上面所說的三項廣泛的社會共識與民意，做為出發點，相互溝通、共事推動，來擺脫目前國內的對立、紛爭及困境。

（II）學術論述的角度：

一個國家要有新憲法，取得國際的普遍承認，才算完成所謂「法理獨立」，才能被認定是一個主權獨立的國家嗎？從歷史的角度來看，卻也未必。

美國於一七七六年發表獨立宣言，脫離英國宣佈獨立，當時並未同步制定憲法；也由於當時的英國勢力強

大，因此少有外國敢於承認美國。直到十一年後，一七八七年美國憲法才誕生，並於一七八九年選舉華盛頓為首任的美國總統。

澳洲是一個世界公認的獨立自主國家，但仍然奉英國女皇伊麗莎白二世為國家元首(Head of State)。一九九九年舉行公民投票，要中止與大英國協的關係，使澳洲正式成為完整獨立的共和國，卻被選民以百分之五十五比百分之四十五否決。

中共在一九四九年打敗國民黨建立中華人民共和國，當初除了共產陣營之外，承認的國家亦寥寥無幾，直到一九七一年才正式加入聯合國。古巴卡斯楚政權建立時，同樣也有很多國家不予承認。

這些國際間的例子，在在說明，邦交國的數目與憲法的制定，並非獨立的必要條件。如果只是因為邦交國少得可憐，就說台灣「尚未法理獨立」，那麼南太平洋的東加王國，只與四十四個國家建立外交關係；帛琉只與四十個國家維持邦交關係，是不是都叫做「尚未法理獨立」？如果只因為台灣尚未加入聯合國，就稱「尚未法理獨立」，難道一九七一年前未進入聯合國的中華人民共和國，亦叫做「尚未法理獨立」嗎？難道二〇〇二年之前未加入聯合國的瑞士，也叫做「尚未法理獨立」嗎？如果只是因為尚未完成新憲法就說「台灣尚未法理獨立」，是不是也要說美國雖然在一七七六年宣布獨立，然而在一七八七年制定

新憲法之前，都屬於「尚未法理獨立」的國家？

其實，邦交國的數目，本來就有多有少，並非擁有一定數量的邦交國，才稱為「法理獨立」；法律有不合時宜之處，本就應該修正，並不是改了才叫「法理獨立」。所以國家主權獨立，與有無憲法，有無國際社會的普遍承認，有沒有加入聯合國，並沒有必要的關係。

（III）推動運動的戰略角度：

美國的中國政策是根據三個美、中公報及台灣關係法的一個中國政策：台灣問題必須和平解決、任何一方均不可片面改變現狀（不獨不武）。至於什麼是現狀(status quo)，則於二○○四年四月表明由美國界定(As we define it)；同時不斷重述希望北京與台灣民選領導人對話溝通，其介入程度目前仍侷限於被動消極的「危機減緩者」的角色。

究其實，美國對「不武」的關切遠低於對「不獨」的重視；壓制漸進式的「台獨」，卻忽略北京對台漸進式的「併吞」，包括中國軍力的快速提升、打壓台灣國際生存空間、封殺台灣與各國簽署FTA、阻擋台灣申請加入WHO、在中國主導的區域經濟整合過程中刻意將台灣邊緣化等。

另一方面，中國則堅持一個中國的「原則」（與美國的一個中國「政策」有所區別）。一九八二年修憲，將台灣納入版圖，並在國際上大力宣傳台灣是中國神聖不可分割的領土。二○○五年三月更進一步制定「反分裂國家法」，

以法律規定兩岸的關係，宣示：「世界上只有一個中國，大陸和台灣同屬一個中國，中國的主權和領土完整不容分割」的三階段論。向國際社會明示：現狀是「法理統一」，將以和平及非和平方式完成「事實統一」。所謂「現狀」，則由中國詮釋裁判。二〇〇五年三月反分裂國家法之後，則以「法理台獨」做為判斷現狀是否被改變的標準。對台策略則由「文攻武嚇」轉變為「文攻武備」，現階段雖然不放棄軍事行動，但主要以擴大經貿、文化、觀光、教育、體育等軟手段交流工作，來阻止台灣的「法理台獨」。

面對中國的崛起，美國基於本國的利益，不論是經貿、反恐，或是伊拉克、伊朗、北韓等國際問題，而與中國維持Responsible Stake Holder（負責任的利益相關者）的關係，享有共同的戰略利益，自屬當然。中國乃利用目前美國分身乏術之際，透過華府來施壓台灣，期待與美國共管台灣及台海的情勢。

面對美、中、台三角關係，台灣應如何自處？假如我們主張台灣事實上獨立，法理上尚未獨立，如此立場會造成怎樣的後果？假如您跟外國解釋台灣在追求「法理獨立」(de jure Independence)，他們聽得懂「獨立」，但卻聽不懂「法理」。於是乎台灣自我矮化，從「一個國家」，自我降格變成「尚未獨立的國家」。

面對中華人民共和國在國際上強力宣傳台灣是中國的

一部分，導致國際社會普遍認知：台灣獨立就是要從中國獨立出去（雖然我們自認為：我們是要從中華民國體制獨立出來，但國際社會無法理解我們的這種說法），在此情勢下，高喊追求「法理台獨」，國際社會會認為北京喊的「反台獨」其來有自。結果反而強化了「一個中國」的正當性，給了中國干涉台灣的口實。一旦中國真的進攻台灣，台灣就沒有辦法以國際法主權受侵害為由，請求國際社會聲援主持公道，中國也不必擔心被世界指控「侵害主權」。

◎ 台灣是一個主權獨立的國家

在台海兩岸的互動上，對於所謂「現狀」的界定權、裁判權以及處罰權，仍是操在美、中兩個大國的手中。華府以「不獨、不武」做為台海現狀的定義，北京在反分裂國家法之後，則以「法理台獨」做為判斷現狀是否被改變的標準，而台灣則受制於美、中兩國，動輒得咎，處處受限。假如台灣對外不採取一些主動積極的作為，事實上只會讓所謂的「現狀」不斷地往對自己不利的方向發展。

什麼是台灣的現狀？我們必須爭取對「現狀」的定義權及詮釋權，向國際闡明，所謂的「現狀」就是：

（I）「台灣是一個主權獨立的國家」的現狀。

（II）「台灣是一個自由、民主、人權、人文的社會」的現狀。

（III）「台灣海峽的和平穩定」的現狀。

　　大力推銷有利於自己的「現狀」論述，並劃出中國的紅線及底線（軍事透明化、中國的自由、民主、人權、和平），如此才可以讓我方站在戰略的高度，立於不敗之地。

　　從台灣必須維持對美關係及必須抵禦中國而言，究竟「台灣是一個主權獨立國家」的完成式獨立，或「法理上尚未獨立」的進行式獨立，何者對台灣有利？何者使運動站在戰略制高點？道理不用說明，已經是再清楚不過了。

　　另外有兩個訊息在此順便提供給大家做為思考的參考：

　　1.在年初李登輝接受壹週刊及TVBS的訪問，其談話內容引起各方不同的評論，之後不久，我曾召開一場「李登輝變了嗎？」的座談會，參加的人員將近30人。第一個討論的題綱是「李登輝說『台灣已是主權獨立的國家，統獨是假議題，目前應以正名制憲，使台灣國家正常化』，您認同嗎？」討論前先做調查：認同李登輝的說法有13人，不認同的有7人。經每個人發表意見後，再調查一次，結果認同李登輝的說法的變為19人，還是不認同的降為5人。但若將「統獨是假議題」拿掉，幾乎全部的人都同意李登輝的講法。可見「統獨是假議題」等等諸類不必要的刺激性字眼，會縮小大家理性討論的空間。

　　2.雖然我們極力主張台灣主權獨立，也一直追求這個理想，但歷年來的國情調查，一般國民所關心，認為最應

該優先處理的順序大概是：經濟發展、教育改革、社會貧富差距、整頓治安等等，統獨議題常常排在第六或第七順位。而台灣人民認為現階段政治領導人應具備的「特質」，依序是：清廉、負責任及誠信；領導人應具備的「能力」，依序為：傾聽人民的聲音，把台灣推向國際，執行的魄力，把台灣變成均富的社會等等。這個事實我們必須理智地面對，是無法忽視的。只靠「獨立」單一議題，又假如領導者不具備人民所期待的「特質」與「能力」，是絕對無法引爆感動人民的力量的。我們的目標不但要主權獨立，同時更要有優質的建國內涵。有優質的國家內涵，才能厚植「台灣優勢」。「台灣優先」是主觀的、感性的；「台灣優勢」才是實力、理性的。有了「台灣優勢」作後盾，才有實力來倡導「台灣優先」，才能打造一個有自信、值得引以為傲的國家。

◎ 結語

　　台灣是一個小國，在國際上求生存發展，以小事大要以智慧，不可青瞑牛不驚槍，不弄耍吐劍光的布袋戲。一些小國面對大國——像以色列面對阿拉伯世界；芬蘭面對蘇聯、瑞典；愛爾蘭面對英國的情形下，其求生存發展的思維及手法，值得台灣好好學習。但若國內朝野對立，爭吵不斷，社會撕裂，無法團結，則必輸無疑。我常說「兩岸和平、台海穩定是台灣島內政治和諧的副產品。」所

以，我們不要一味強調不同的地方，而應透過接觸、溝通、協商、擴大有共識的議題，縮小彼此的差異。

雖然美、中兩國都堅持，不容台灣的「現狀」被改變，但是什麼是台灣的「現狀」呢？我們應有智慧，對台灣的「現狀」做最有利的解讀。

「台灣是一個主權獨立的國家」的現狀，是絕大多台灣人民的認知及共識。我們應從此民意出發，向國際社會一致明示：台灣已是一個主權獨立的國家，台灣沒有獨立的問題，只有國家正常化的問題。這種立場等於對中國併吞台灣築起一道防禦的戰略高牆，拿掉了中國藉「台獨」干涉台灣的口實，也可減弱中國以「台獨」宣傳「一中原則」的正當性。如此台灣才能一致踏出邁向國家正常化的第一步。

◎ 現場Q&A回答紀實

我要再一次強調，從國家發展的歷史與國際社會的例子來看，台灣是一個主權獨立的國家，與有無新憲法，有無國際社會的普遍承認，有沒有加入聯合國，並沒有必要的關係。如果我們依照台灣絕大多數人民的認知與共識，向國際社會宣示：「台灣已是一個主權獨立的國家」，正名、制憲是台灣內部體制改革的問題，台灣人民會自行處理。以這種認知與共識，努力向國際社會行銷，我相信我們就能站在比較有利的戰略高度，重新取得對台灣「現

狀」的有利解釋。雖然我們可以預期，當我們追求正名、制憲的同時，在可見的未來，國際社會，尤其是美、中兩國，仍會陸續發表反對的聲音，但是台灣確實會朝比較有利的「現狀」邁出一步。

榮邦說中華民國走不出去，確實如此。但是如果國內先形成共識，讓大家都能接受「台灣是一個主權獨立的國家」，繼而討論如何走出國際，相信屆時如碰到困難，自然會探討原因，做適當的調整，尋求解決之道，包括國名等等。以這種務實的做法，我想成功解決問題的機率，應該會更高。

要解決台灣面臨的困境，既沒有仙丹，也沒有特效藥，想要一步登天，一次解決所有的問題，更是不切實際。然而，只要我們抱持著「問題總要解決」的新態度，將「癥結」一步一步地解開，我相信遲早總會有突破的。

關於台灣國家發展的幾點思考

　　2008年3月22日總統大選，馬英九取得壓倒性的勝利，台灣經歷第二次政黨輪替，國民黨一黨獨大。民進黨接連在立委、總統選舉中慘敗，其敗選後的檢討反省，令人無法期待。

　　一批關心台灣前途的各界菁英、學者專家，乃相互串聯，齊聚一堂，在2008年4月11日召開「國家發展論壇」籌備會，就未來台灣國家發展面對的問題，提出看法。希望搭建「中道理性」、「中間偏左」的各股力量的對話平台，形成清新改革的台灣主體力量，不僅監督國民黨，未來也將主導推動各種議題。李登輝前總統不但全程參與且發表談話並予以鼓勵。

　　座談會先由施正鋒就「台灣政局的觀察」；彭百顯就「未來台灣面對的問題」；黃石城就「政治人物的品質、品格、素養」；周奕成就「第三社會的信息」；張燦鍙就「關於台灣國家發展的幾點思考」，分別做專題報告。嗣後李前總統致詞即進入意見交換。

　　本文係根據作者當日的報告錄音整理而成。

◎ 前言

　　我想在此提出個人對台灣國家發展的幾點思考。這些看法，絕大部分與前面幾位主講者所提及的論點，彼此之間有相當程度的一致性；不過也有一些不同的論述，也許

可以提出來，供大家參考。

◎ 問題的真相

在台灣社會，我們常常認為「國家認同」是一個爭議嚴重、無法改變的結構性問題，也因為國家認同的分歧，導致政黨惡鬥、族群對立和社會撕裂，但實際上真的是這麼嚴重嗎？如果我們從歷年來的民意調查來看，會發現其實選民不分藍綠，對於台灣的國家認同已有廣泛的共識。

我個人長期觀察，也特別留意對照下列幾個民調數據：第一，有接近百分之九十的台灣人民認為，台灣的前途應由台灣二千三百萬人民來決定；第二，有超過百分之八十的台灣人民贊成，台灣是一個主權獨立的國家，不論是叫台灣或是中華民國；第三，台灣社會追求自由、民主、人權、人文等普世價值的政治制度與生活方式，與中國大陸形成絕大的差異。

這才是目前台灣社會的普遍共識。也因為這樣的民意趨勢，所以國民黨在總統選舉期間，從過去主張「終極統一」，一直修正到「不統、不獨、不武」，到最後也改弦易轍，轉而主張台灣是一個主權獨立的國家，中華民國是一個主權獨立的國家，甚至說台灣的前途要由住在台灣的二千三百萬台灣人民來決定。由此看來，我們常說藍綠在國家定位的立場是南轅北轍的，但事實上從各種民

意顯示,藍綠雙方有許多重疊的民意基礎,並非沒有交叉的平行線。

問題的真相,也許沒有我們想像的那麼嚴重。

◎ 人民的需求

其次,我們來談談台灣人民對台灣國家發展的想法。

從歷年來的國情調查來看,一般人民認為政府應該要優先處理的事情,依序大概是:經濟發展、教育改革、消除貧富差距、治安的整頓等等。台灣前途,或者是國家定位,反倒是常常排在第六或第七順位。此外,民眾期待政治人物的「人格特質」依序為:清廉、擔當、誠實;期待政治人物應具備的「能力」依序為:傾聽人民的聲音、將台灣推向國際、執政的魄力、建設台灣成為一個均富的社會。

正是這種期待,讓大多數選民在每次選舉時,所考慮的往往不只是台灣的國家定位,還包括:主政者的人格特質與能力、主政者的經濟政策、教育政策、社會政策等等。換言之,選民的投票行為,是綜合政黨取向、政見取向與候選人取向等條件的整體評估,才做成最後的投票依據。因此,儘管民調顯示「台灣認同」遠大於「中國認同」,但是觀察歷來的選舉,除了複數選區多席次的選舉外,幾無一個候選人能以台灣認同為主要政見,並

獲得當選。

　　在現今全球化的時代，國家管制力量逐漸衰退的氛圍下，單靠「台灣獨立」這個單一議題，恐怕再也無法引起台灣人民感動的力量。要找回人民的感動，還是必須回歸到人民的真正需求：清廉而有擔當的政治人物，以民生且務實的治理政策，將台灣建設成既富且均的社會。

　　因此，現階段我們應該把重心放在發展具有台灣主體性的國家內涵，以實質的治理政策來贏得人民的感動。台灣主體性的具體內涵，就是以感性的、主觀的「台灣優先」做為政策綱領，以理性的、客觀的「台灣優勢」做為政策規劃。也惟有「台灣優先」的情感訴求，才能凝聚台灣內部的力量；也惟有「台灣優勢」的理性規劃，才能帶領台灣走向世界。對內，得以凝聚共識，對外，可以面對競爭，如此才能更加鞏固台灣的主體意識。

　　人民的需求，也許比我們想像中來得簡單。

◎ 包容的力量

　　接著，我們在推動運動的時候，要考慮台灣人的性格。從過去台灣的歷史來看，我們的祖先說：台灣過去的歷史「三年一小反，五年一大亂」。確確實實是如此的。然而與世界各國歷史上重大的變革相比較，卻會發現台灣人其實是一個相當溫和的民族，缺乏極端激進的行動派。

　　我在美國主持台獨聯盟的時候，大家都說台獨聯盟最為激進，也說我的主張最激進。但是，當我看到韓國的反對運動，以自焚、跳樓自殺、丟汽油彈等手段來反抗獨裁貪污的政權；看到PLO（巴勒斯坦解放組織）為了建國、消滅以色列，從事劫機、汽車炸彈、自殺攻擊等慘不忍睹的恐怖行動；看到南非的ANC（非洲民族會議），在一九九〇年代，為了反抗白人的少數統治及種族隔離政策，黑人放火、暴動、搶劫；白人警察開槍、丟催淚彈、放狗咬人等情況，我真的覺得我們實在太溫和了。

　　在現今開放的多元化社會，意見不同是很正常的，不足為奇，重要的是要用什麼態度面對問題？有無能力處理問題？在多元化的自由社會，只有想法不同的競爭對手，而沒有你死我活的敵人。所以在台灣島內意見不同，應該用這個角度來思考，共同思考台灣的問題要如何解決！我們要學習以理性、中道、溝通、務實、開放和包容的態度，用文明的方法來面對台灣內部的矛盾。

　　就個人層次而言，在多元民主化的社會中，民主可以包容獨立、統一及維持現狀等不同的個人意識形態；但任何個人的意識形態，不能取代民主，凌駕民主之上。任何人更不應該違背「台灣前途應由二千三百萬全體住民，以公民投票來決定」的基本立場。

　　但就推動運動層次來說，要用何種路線才能成功地推展我們的理念，卻是可以討論的策略問題，這也正是我

們從事運動的人，最該思索的問題。譬如中正紀念堂改名為自由廣場的議題，我認為這是非常合理的事情，並且相當符合人民的期待。然而，對的事情，用不對的手段、不理性的方法，以及錯誤的策略，反而不足以成事。據我了解，前教育部主秘莊國榮以激烈手段推動中正紀念堂更名事件時，民進黨支持他的言論及行動的人，皆是不分區的立委，或當時不用參選的市議員，想選舉的立委都不敢公開支持，因為他們很清楚知道民意支持度正往下掉。如果這個議題拋給社會公開對話討論，我相信一定可以成功，一定可以形成改名的共識 (Do the right thing right)。同時如此做法，也是培養公民社會中，人民參與公共議題的絕佳機會，藉以培養人民的公民素養。在台灣，激進的主張、激進的手段，往往是改革的絆腳石。

◎ 格局決定結局

　　剛剛我看到張亞中教授送給李前總統一本小國崛起的書，其中有提到像芬蘭等等小國崛起的故事。

　　愛爾蘭過去是個一窮二白的小國家，人民連馬鈴薯都不夠吃，乃大量向外移民，早期為了抵抗英國殘酷的殖民統治，甚至以生命、鮮血與大膽激進的行動爭取獨立。當地曾有一句古老諺語說：「愛爾蘭的河水是鹹的，因為那是愛爾蘭人的眼淚。」整個愛爾蘭人的生活非常困苦，政治動亂不安，甚至在一九八七年，還被「經濟學人」雜誌

稱為歐洲的乞丐呢！但是今天，愛爾蘭國民所得接近五萬美元，高居歐盟第二，並號稱是世界的投資天堂。

我們仔細探討其原因，發現愛爾蘭的改變最主要來自於愛爾蘭人思考邏輯的轉變，遇到問題時不是爭論問題、解釋問題、解釋立場(make a point)，而是想辦法找出實際具體的解決方案(make a difference)。有句話說：「If you are not part of solution, you will be part of problem」，如果你不是解決問題的一部分，你就是製造問題的一部分。希望大家能夠用這個態度來面對問題、思考問題、解決問題。

大家在台灣這塊土地上一起生活，既有過去的共同歷史，也有未來的共同利益，甚至共同體意識也已經形成了。所以，我們在處理台灣內部問題時，要能超越過去藍綠兩黨慣性對立的思考邏輯，我們要以新的思維、新的手法，以「解決問題」的角度，擴大內部的共識，縮小彼此的差異。

美國總統在競選期間，包括民主黨、共和黨總統候選人提名的初選，大家競爭得非常激烈，看似嚴重對立；但美國人常說：「我們在國內選舉有民主黨跟共和黨，但對外來說，我們只有一個美國黨而已。」正如同二○○四年歐巴馬在波士頓召開的民主黨全國代表大會上發表的演說：「（美國）沒有所謂自由派的美國與保守派的美國，只有美利堅合眾國。沒有什麼黑人美國、白人美國、拉丁裔美國、亞裔美國，只有美利堅合眾國。一些權威專家喜歡

把我們的美國切割成紅色美國與藍色美國；紅色代表共和黨，藍色代表民主黨。……（然而）我們是一體的，我們都宣誓效忠星條旗，我們都在捍衛美利堅合眾國！」我們也希望台灣在國內有國民黨、民進黨、台聯黨、第三社會黨、綠黨等不同的政黨，然而對外，大家都能一致地說：「我們是台灣黨」、「我們都熱愛台灣」、「我們都在捍衛台灣主權」！

◎ 我有一個夢想

　　誠如前面所提，台灣內部的國家認同，是越來越有共識。雖然台灣的國際地位，可能一時還無法解決，特別是兩岸關係，有短期無法解決的「困難」，但相信也有馬上可以「處理」的問題。所以要「終極解決」台灣國家定位的問題，可能不是短期間可以達成的，因此大家不要用「解決」台灣問題的角度，而是用「處理」台灣問題的角度來思考，使台灣能往有利的方向，繼續發展前進。

　　台灣二〇〇八年總統選舉的結果，也許有很多不同的解讀。我個人認為，國民黨拿到七百多萬票，並不是國民黨的改變符合人民的期望，而是人民看到八年來民進黨做得不好，八年的政績與人民的期待落差太大。雖然民進黨拿到五百多萬票，也不是鐵票，可能是對國民黨不放心，又害怕國民黨一黨獨大，這都不是支持國、民兩黨的積極因素。目前對國民黨、民進黨兩黨認同度加起來是低於百

分之五十（2009年元月天下雜誌發表的國情調查，不認同目前任何
政黨的選民高達百分之六十三點三）。台灣人民所期待的政治
團體，當然除了要有政策、路線，包括終極目標的基本綱
領、階段性行動目標的行動綱領、因應選舉期間的選舉綱
領，還要看這個政黨有沒有願景？有沒有理想？有沒有效
率？有沒有活力？

　　當然，最重要的還是要看這個政黨成員的素質，亦即
人的品格最重要。無論如何，「人」的因素最重要，參加
政黨的人，每一個人都要有奉獻的心(Commitment)，他的人
格操守大家可以信賴 (Integrity)，他有解決問題的專業能力
(Ability)，同時還有團隊的精神(EQ)，我把它簡稱為C.I.A.，
另外再加上EQ。

　　如果一個政治團體，有清楚的台灣主體立場，在面
對不同意見的時候，又非常理性、務實、中道；經濟社會
政策走中間偏左路線，重視社會的公平正義，照顧弱勢族
群；經濟成長與永續生存平衡發展，除了經濟指標(GDP)的
追求之外，更重視社會指標(Green GDP、環保、永續發展）與
文化指標 (Golden GDP、文化、人文價值）的品質。最重要的
是，成員的人格操守有誠信、很清廉、又有人文素養，並
且有解決問題的專業能力，同時大力培養年輕幹部，爭取
年輕世代的認同。如果有這樣的政黨出現，相信台灣人民
會寄與厚望。因為，這就是台灣人民的主流期待，這就是
台灣的主流價值。

　　我參加主權獨立運動已經四十多年了。四十多年來，我自己也渡過不同的生命歷程，雖然對台灣主權的堅持，始終如一，但是對於如何達成？達成的境界為何？卻也隨著不同時期而有不同的看法。有一段期間，我非常樂觀的認為，獨立即將實現，在我有生之年，可以看到台灣成為一個主權獨立的東方瑞士。然而，四十多年的滄桑，讓我深刻了解，台灣的國際地位並不是我們主觀願望所能決定的。

　　也許該重新調整腳步，放大格局來找尋最佳結局，了解問題的真相與人民的需求，以包容的態度，將危機轉為契機，培養廉能的政治新世代，集結眾力，往處理台灣問題有利的方向，持續前進。我期望中、壯、青各代一起來打拚，將這股力量發展成為台灣的主流力量；更希望在大家有生之年，能共同打造一個有自信，大家可以引以為傲的國家。

第二部

態度決定高度，格局決定結局

　　2004年總統大選後，台灣社會紛亂不已，對立日趨嚴重。歷次的民調都顯示，有半數以上的受訪民眾認為：「政黨惡鬥是台灣當前最大的危機」，這種非藍即綠的二分法，正是導致政府空轉、社會內耗、經濟無法突破的根本原因。然而藍、綠政黨對立，真的無解嗎？作者深深不以為然。

　　作者在2007年間，受邀至扶輪社、大專院校、民間社團等地，針對政黨對立發表超過三十場的演講，本文係依據其錄音內容整理而成。

態度決定高度，格局決定結局
當前台灣社會藍、綠嚴重對立，真的無解嗎？

如果我們始終在「過去」和「現在」之間爭吵，
我們必將失去「未來」。

If we open a quarrel between past and present,
we shall find that we have lost the future.

———邱吉爾(Winston S. Churchill)

　　幾個月前，台北某個扶輪社的友人，邀請我去該社
演講，對於演講的主題，他表示，除了政治以外，其他
都可以談。我不禁問他：為何不能講政治呢？他說：現
在大家對政治議題都覺得很「鬱卒」、也很敏感，還是
不談的好。我思索了一下：讓我考慮兩天後再回覆你吧。
兩天後，我回電給他：「我相信我打算演講的題目，你會
認為是政治議題，但是我要講的真正內容，卻是台灣的民
主素養和領導者的格局，以及要如何來解決台灣當前的困
境。」

　　電話中聽來，他似乎很勉強的接受。然而，演講之
後，卻得到大家的熱烈反應。之後，就一直介紹我到不
同的場合演講。

怎麼可以不談政治？民主政治，不只是一種政治體制，更是一種生活方式，那麼，怎麼可能生活於其中，卻又避而不談？也許，更精確的說法是，我們之所以厭惡政治，是因為我們目前看到的，政治就是藍綠對決、政治就是政黨惡鬥，而忽略了民主政治的基本素養：理性、尊重、包容。

◎ 藍綠對立，社會撕裂

台灣當前的政治亂象，我想以藍綠嚴重對立、社會不斷撕裂、政府持續空轉為最。歷次的民調也都顯示，有百分之五十以上受訪民眾認為：「政黨惡鬥是台灣當前最大的危機。」但是面對問題，卻不想探討原因，不想辦法解決，只是一味的迴避，一味的避談政治，我覺得這並不是健康、正確的態度。正如法鼓山聖嚴法師所說：「面對問題時，你要面對它、接受它、處理它、放下它。」

就來面對它吧！

目前台灣的社會，可以說是兩極化，也就是所謂的M型社會，對立相當嚴重，甚至以簡單的二分法來區分彼此。這種非藍即綠的二分法，正是導致政府空轉、社會內耗、經濟無法突破的根本原因。李登輝前總統曾說：「如果經濟不搞好，講民主也沒有用。」因為經濟發達是民主的根本。曾經有位美國友人向我表示：他想將設在台灣的總部遷出，因為政治不安定、政府不穩定、政策不確定，

讓人無法長期投資。尤其在六年之內竟然換了五位行政院長、六位財政部長、六位經濟部長，如果一家上市的公司不斷地更換董事長及總經理，相信投資者絕不敢購買那家公司的股票。

在多元化、民主化的開放社會，意見不同本是很正常，不足為奇的。不幸的是，台灣目前卻不懂得如何處理，處理模式更常常陷於：只有立場，不問是非；只有黨派，不問黑白。甚至拚命找對手的缺點、拚命找與對手不同的地方，追求零和遊戲(Zero-Sum Game)，贏者「整碗公捧去」(Winners Take All)，形成「互相否定、互相消滅」的局勢。完全缺少西方國家理性溝通，和而不同(Diversity in Unity)，同中求異，異中求同的文化。追究其原因不外：

（Ⅰ）互信基礎薄弱

目前台灣社會人與人之間互信基礎相當薄弱，尤其是政治人物普遍不將信用當一回事，從「言行不一」到「光說不練」，如今已被譏諷為「言『言』不一」，連言論也前後不一致，今天說一套，明日又是另外一套，已淪落為「政治卡奴」，信用完全破產。

記得當年我從美國闖關回台被關，被判無罪出獄後，在多位朋友鼓勵下，一九九四年我參加競選民進黨黨主席，希望能將我的理想帶進民進黨，改造民進黨。然而要競選黨主席得先選上中執委，當時要選上中執委的安全票數是八票，我不但為自己拜票，還要幫別人拉票，以期選

上中執委後，能順利當選中常委，以取得競選黨主席的資格。在配票過程中，雖然有不少的朋友提醒我「會跑票」，但我天真的認為：我分配了十二票，即使跑票也不至於會低於八票，因此一些「鐵票」，包括我太太，全投給別人。豈料開票結果我只拿到七票，中執委都選不上，遑論黨主席呢。

事後記者問起我的感想，我說：「當年在台灣唸書時，我最拿手的科目是數學，沒想到今日台灣的數學這麼深奧，竟然難倒我，因為如今台灣的數學是『1+1≠2』。」魚夫也畫了一幅漫畫刊在《自立晚報》，替我感慨：台灣政治充斥著「『Yes』並不等於『是』；『No』並不等於『不是』」的惡質文化。

（II）民主素養不夠，包容性不足

台灣雖已「民主化」，但坦白說目前只達到初步的民主化而已。民主除了在硬體上要有公平公開的選舉，還要文官體制的建立，尤其是軍隊國家化，司法要獨立，第四權即媒體要公平公正客觀。當前台灣社會，將民主簡化為各項選舉的投票行為，充其量只是程序民主而已。民主的風度、民主的內涵及民主的素養，尚待培養。「服從多數，尊重少數」體現在西方的民主是「我雖然不同意你的意見，但會誓死捍衛你發言的權利」；「Maybe it is a good idea.」是民主社會對不同意見所表現的尊重；但在台灣卻是以「不可能，那是不可能的」來打斷您，讓您無法繼續

談下去。「服從多數，尊重少數」在台灣卻變成「多數欺負少數，少數不認輸」，在立法院更成了「關鍵少數敲竹槓」的現象。可以說今日的台灣只擁有「民主」的形式，但不懂「民主」的真諦。因此有人說台灣人是民主的田僑仔，民主的暴發戶。

（III）做事炒短線

猶記得我在台南市長任內，曾至日本京都參訪，希望汲取日本營造古都的經驗，藉以打造「日本的京都，台灣的府城」。在京都我看到了他們的「市民憲章」，那是營造京都成為世界文化首都所規劃的百年大計，無論是誰擔任首長，皆可依循之建設方針。這是台灣遠遠比不上的。

目前台灣社會普遍只看眼前、短期、表象，而不重視中長期的工作。凡事市場化，經濟發展當然應是市場化的操作，但是若連教育、媒體、政治都市場化，只考慮眼前效益，忽略核心價值，則表現在今日台灣就是：大學太多收不到學生；媒體完全只看收視率；政治更是以選舉掛帥。尤其在政治效應上只求勝選，即使當選也只想如何連任，完全缺乏長遠規劃的願景與理想，如此的文化令人憂心。政黨輪替之後，現在的台灣，我們可以說已經沒有「在野黨」，只剩下「執政黨」與「想執政黨」，這才是今日台灣相當嚴重的問題。

◎ 藍綠差異，過度炒作

記得二○○四年總統大選剛結束不久，社會紛亂不已，媒體記者問我：身為台獨大老、民主的前輩，對如今藍、綠嚴重對立，有何看法？我以：「我是色盲，看不清楚藍綠，只看是非、黑白」回應。然而藍綠對立真的無解嗎？我不以為然。我們要動腦筋，設法走出目前的困境。事實上，若就藍綠陣營的本質，做進一步分析，我們發現：

（I）就政治色彩來說：藍營有深藍、淺藍、中間偏藍；綠營亦有深綠、淺綠、中間偏綠，何況還有約佔百分之四十的中間選民。所以我們不應該以絕對的二分法來區分，來看待問題。

（II）就人格特質來說：藍綠都有理性、務實、包容、溫和、激進、小氣、鴨霸、及所謂不可理喻的基本教義派。我們不應將泛綠全都視為一樣，同理，亦不應將泛藍視為一體，而是應該用寬廣、包容的光譜原理，來處理事情，這樣才有辦法解決問題。

前任台北市文化局長龍應台，一般認為是統派，但她在數月前發表的〈請用文明來說服我：給胡錦濤先生的公開信〉中，卻提及她無法認同中華人民共和國。雖然其感性的國族認同認為自己是炎黃子孫、是華人，因而認為自己是中國人；但理性的價值認同上，則是追求自由、民主、人權、人文素養，而這些價值觀，正是中國所欠缺

的，因此她無法認同中國。追求自由、民主的價值觀，這不也是泛綠的核心價值？可見，統獨兩派仍有其共通的價值觀及交集點。

此外，龍應台於二○○六年十二月六日在哈佛大學費正清(Fairbank)的東亞研究中心，演講「被孤立，被包圍，被邊緣化卻又極端重要的台灣─台灣民主實驗對華文世界的影響」，演講後被在場的中國大陸學者質問：中國是否其祖國？龍應台答覆：這個問題一點也不複雜，中國文化是我的祖國(Motherland)，但目前這種政權所統治的中國，絕對不是我的祖國。連阿扁總統接見日本國會議員也曾說：絕不反中，但反極權。可見泛藍和泛綠是有一些相同的理性價值觀，所以我們要從這種角度來看待藍、綠雙方，不能說藍、綠完全沒有交集。

（III）就公共政策的本質來說：台灣社會面對的許多問題，尤其是道德標準、社會規範、公共倫理，如政治人物的誠信與清廉、追求自由民主人權的信念，根本無關意識形態，不分藍、綠。其他公共政策與議題，包括司法改革、拚經濟、提昇競爭力、金融改革、教育改革、拚治安、國土規劃、政府再造、對抗SARS與禽流感、重整健保制度、在國際上與美、日簽訂FTA或爭取加入WHO等，不都是超越藍綠，超越意識形態！但我們過於強調不同的地方，而忽略了更多相同的地方。

（IV）**就台灣前途與兩岸政策來說：**固然這是藍、綠最大的爭議，但是，長期收集研究藍、綠陣營兩岸政策的淡江大學大陸研究所張五岳教授，在他的研究中卻發現：藍綠雙方有百分之八十以上的政策完全一樣。不同點僅在於：就台灣前途長期而言，藍營反對台灣脫離中國、綠營反對被中國統一。然而，一般相信，這是四十、五十年之後才會發生的事情。但遺憾的是，這兩種不同的立場並不是透過對話來尋求共識，而是透過各自的強化造成更大的分歧。雙方仍然停留在「牧師傳道」、「和尚念經」互不來往溝通，甚至互相惡意攻訐的階段。

「台灣是世界上唯一不敢承認自己是獨立的獨立國家。」美國哥倫比亞大學一位對台灣相當友好的教授黎安祺(Andrew Nathan)曾如此說。半年前他曾到過台灣與中國大陸，研究不同黨派的兩岸政策之差別，結果他初步的結論與張五岳教授的研究極為相似。

郝柏村是眾所皆知的統派，某次宴會，我恰好坐在他旁邊，形成「大統派」和「大台獨」坐在一起。我趁機問他：「你認為要如何統一呢？」他回答：「中國若沒有民主化，統一就甭談。」甚至說：「其實現在是『實獨虛統』」。可見藍、綠並無那麼大的差別，可說是大同小異的。只是政治人物為了個人及其政黨的選舉利益，為了鞏固基本盤而將其炒作，刻意擴大其中的差異。

◎ 解讀民調，貼近民意

最近公佈的一些民調顯示，政治人物所強調主張的，其實與民意是有落差的。目前台灣的民調結果可說具有相當參考性。當然，不同機構所做的民調結果，會有數字上的差異。我認為只要民調的前後，指標一致，並與不同機構所做類似民調有相同的趨勢，只是數字不同，則這份民調仍有相當的可信度。

先引用二〇〇六年二、三月國策研究院所做的民調，其中幾項：

（Ⅰ）有人說台灣的前途應由台灣二千三百萬人民來決定，請問您同不同意這種說法？乍看之下這個題目彷彿是為民進黨問的，因為這是民進黨一貫的主張。統派郝柏村曾經主張還要中國十三億人民一起決定。但民調的結果，卻呈現對這個問題的主張，是不分藍綠的，有百分之八十七・一同意（其中有許多泛藍選民），只有百分之五・五不同意。

（Ⅱ）中共制定的「反分裂國家法」主張：對於台灣和大陸主權爭議的問題，中共可以使用非和平的手段來解決。請問您同不同意中共這種主張？結果不同意有百分之八十八・七，同意僅僅百分之五・二。不管藍綠，其立場是相當一致的。

（Ⅲ）中國制定的「反分裂國家法」主張台灣是中國的一部分，所以中華民國不是主權獨立國家：百分之

七十七‧二不接受，百分之十二‧七接受。這亦是不分藍、綠，大部分的人目前都可以接受中華民國是一個主權獨立的國家。

（IV）關於台灣與大陸的關係：百分之十二‧一傾向統一，百分之十七‧七傾向獨立，維持現狀者約占百分之六十六‧九。

這樣的民調結果表示：除了對兩岸關係主張有較大的差異外，大部分的民意其實是不分藍、綠的。

另外還有其他的民調顯示了一個很有趣的現象，是有關認同自己是台灣人或中國人的民調。記得一九九一年我剛從美國回台時，當時的民調顯示：認同自己是台灣人的，只有個位數的比率；認同自己是中國人的超過百分之六十，認為自己是台灣人也是中國人的比率則居中。但在今日，西元二○○六年，不同機構所做的民調，都呈現與當時相反的結果：認同自己是台灣人、不是中國人的，已超過百分之六十，有約百分之三十的人認為自己是台灣人也是中國人，只有百分之五～七的人自認是中國人。其中令人欣慰的是：自認是台灣人的以年輕一代居多，原以為他們接受中國式教育，會認為自己是中國人，結果卻不是。可見台灣主體意識、自主性已大大提升。

甚至有一個民調問：當中國大陸達到自由、民主、均富時，是否同意和中國統一。也就是說，當台灣與中國的水準一致，即政治民主化、國民平均所得一樣、社會文化

皆優質化時，願意和中國統一嗎？只有三分之一的人同意統一，三分之二的人是不同意的。如此看來，我認為台灣人民想和對岸經濟融合但政治分離，這樣的趨勢是相當清楚的。

◎ 看看別人，想想自己

　　不同的民調，其實都指出相同的結論：政治人物所說的，與一般人民的想法有很大的落差。也就是說，實際上藍、綠選民並沒有很大的差異，問題並不那麼嚴重。尤其是和世界其他國家比較之下，譬如菲律賓人民以人民力量推翻馬可仕政權、韓國學生及工人與全斗煥軍事獨裁政權的鬥爭、南非「非洲民族議會」號召黑人反抗白人的少數統治及種族隔離政策、最近在台灣上映的電影《吹動大麥的風》，描述愛爾蘭人以生命抵抗英國殘暴的殖民統治，用大膽激進的行動爭取獨立；還有以色列也是如此，對外要與阿拉伯國家對抗，對內政權也是動盪，總理時常更換。相較之下，這些國家的國內分歧、國際孤立，都比台灣目前的問題嚴重許多。

　　這些衝突非常嚴重的國家，問題都得以解決，難道台灣這些小問題反而無從解決？因此我常常呼籲：「台灣政治人物應該虛心學習國際級政治人物的格局、肚量，以及他們解決問題的智慧。」

　　當我在美國時，常和南非ANC（非洲民族議會）的要員

接觸，因此對他們的狀況較為了解。在一九九○年代南非每日的頭條新聞就是衝突暴動，不是黑人放火、暴動、搶劫；就是白人警察開槍、放狗咬人。國內政局動盪不安又受各國的經濟制裁，國際上也非常孤立。然而在一九九四年由黑人領袖曼德拉(Nelson Mandela)取得政權後，政權卻能和平轉移。我亦獲邀參加曼德拉總統的就職典禮（因緣際會下，有幸也與PLO主席阿拉法特在南非會面）。南非如此嚴重的種族衝突，得以和平落幕，究其原因，主要是他們有兩位非常值得尊敬的政治領袖：戴克拉克(F. W. de Klerk)與曼德拉。白人總統戴克拉克有勇氣懂得反省道歉認錯，而黑人領袖曼德拉有寬大的胸襟懂得寬恕原諒。在當時，我欽佩曼德拉甚於戴克拉克。

二○○六年五月，台灣大學政治系施明德先生的政治家講座邀請戴克拉克來台演講，使我對南非問題有了更深層的認識。當時我參加了「千禧新世，守護和平」及「和解：南非經驗，台灣願景」的公開演講與對話活動，另外還有一場約三十人的私人小型餐會，我亦受邀參與，因此得以就近向戴克拉克請教：「為何你大權在握，仍願意和解，和平轉移政權？」他回答：「這是我的信念。南非若繼續這樣下去，將會完蛋，因此無論如何，我都要這樣做。」但是過程中其實碰到非常大的挫折與困難。

首先，戴克拉克廢除種族隔離制度，無條件將因從事反抗運動被關的黑人，包括暴力犯，全部釋放。白人當然

極力反對，但他仍堅持如此做，因此受到白人的攻擊，甚至導致當時他所領導的執政黨（也叫做「國民黨」）分裂，白人認為執政得好好的，我們可以繼續治理這個國家，何必要和黑人和解呢？但是戴克拉克堅持如此做。意料不到的是，當一九九〇年曼德拉被釋放出來後，在第一場群眾大會，就表示白人是不可信賴的，號召黑人繼續武裝鬥爭。因此，當時很多人勸戴克拉克，既然如此做的結果是白人反對，黑人也不領情，何必堅持呢？但戴克拉克依然堅持「做對的事」。兩年後，曼德拉終於認為戴克拉克確實有誠意，因而在一個黑人區宣佈：將放棄武力抗爭，改以談判的方式爭取黑人的地位。

曼德拉的改變，同樣遭到黑人開汽水、扔酒瓶的反對，他們認為抗爭即將成功，為何要放棄呢？由於曼德拉堅持要用和平的方法化解仇恨，雙方終於開始互派代表談判，但最後仍有七、八項談不攏，於是就由雙方的領袖直接談。戴克拉克回憶：第一次和曼德拉通電話，竟是以摔電話收場。遇到這麼大的困難，他們仍繼續走下去，最後終於制定新憲法，完成普選。曼德拉當選總統後，邀請戴克拉克擔任第二順位的副總統，而戴克拉克也坦然接受，屈居副手協助治理國家，讓國家穩定成長。南非有這二位胸襟仁厚慷慨，有智慧化解衝突的偉大政治家，難怪能共同獲得一九九三年的諾貝爾和平獎。

當我聽到這些事蹟後，非常感動，對戴克拉克的敬意

也就超越曼德拉。

　　至於談判的過程是如何處理的？戴克拉克說：談判的要領，**1. 要誠實，不玩弄權謀**——老實、誠懇，讓對方能信任。**2. 要先從容易達成的具體共識談起**——差異很大的先不要談，從簡單容易達成共識的著手。人要經過相處，慢慢的才能互相了解、建立信任，如此談判方能越來越順利。**3 絕對不可作秀**——當然談判必須要讓外界知道，但是不要為了討好民眾，將談判的細節完全洩漏出去，只要約略提及重點即可，一定要認真誠懇和對方談。

　　戴克拉克所言，值得台灣政治人物學習。思考台灣當前有爭議性的幾個議題如：軍購案、本土化vs.去中國化、本土化vs.全球化、朝野對立、族群省籍問題及監委同意權等，其實都只是一些程序上的問題，只要在觀念及態度上做些調整，雙方各退一步，問題就得以解決。就以監察委員的問題來講：本來依照中華民國憲法，監察委員是總統提名，立法院行使同意權，但為何會延宕兩年，遲遲無法解決呢？因為泛藍陣營主張：被提名的人選並不適合，甚至在提名的過程，還出現球員兼裁判的現象——其中有一位審查委員，還被提名擔任監察院副院長——希望總統全部重新提名。坦白說，我也認為提名的人選確實有些不適合，因為其中有政治酬庸的意味。但是泛綠陣營卻主張：先將不適合的剔除，空出的名額再補提名。兩方僵持不下，甚至無限上綱，指責違憲，五院變四院，雙方互相指

摘。其實問題真的這麼嚴重嗎？

看看美國的例子——美國的大法官也是總統提名，參議院行使同意權。現任美國總統喬治・布希，本來提名一位原為德州的私人律師擔任大法官，提出後參議院意見很多，布希也未要求參議院否決，而是很務實地自行撤回，重新提名。可見只要退一步，事情就能順利解決，不需任何事都堅持，導致嚴重對立。何況當時提名的監委名單有多位人選，如今職務已有變動，包括吳豐山已出任政務委員，劉玉山現在擔任行政院秘書長，要下台的台階已搭好，何必意氣用事，不肯務實處理，而延誤兩年呢？其他還有許多事情，也都是這樣的狀況。

◎異中求同，理性溝通

因此，我認為要解決目前困境，其實並不難，只要從釐清幾個基本觀念著手。

（I）在多元化、民主開放的社會，意見不同是很正常的，不需大驚小怪，我們要學習理性、溝通、尊重、包容、互相了解。一般民眾若不適應，不但保守落伍，一個與現代社會脫節、沒有民主素養的人，終會被潮流所淘汰；政治人物若無能力處理不同的意見，化解歧見，則沒有資格當政治人物。

（II）在自由民主社會只有「對手」，沒有「敵人」——聖嚴法師曾說：「有意見的人是朋友，不是敵

人。」這是宗教家弘偉的胸襟，一般人很難做到。但政治人物至少應能做到「有意見的人是對手，不是敵人」，若能如此，我相信有很多問題都能迎刃而解。

相信大家都知道，四十多年來我極力主張台灣主權獨立，也一直追求這個理想。但我也堅決主張，台灣的前途，必須由二千三百萬台灣人民來決定。國內意見不同應視為人民內部的矛盾，就是統獨立場不同，亦應認為不是對錯、是非的問題，或是愛台灣、不愛台灣的問題，而是一個政策選擇的問題。

相信大家都聽過加拿大魁北克(Quebec)的獨立公投，第二次的公投過程十分熱烈，結果平分秋色，兩邊的差距非常小，票數極為接近，就和台灣二〇〇四年的總統選舉相似。但他們卻非常理性平和，主張獨立的人不會指責反對獨立的人不愛魁北克；反對獨立的人也不會批評主張獨立的人會害死魁北克來互扣帽子。這個例子值得大家來省思與學習。波多黎各(Puerto Rico)也是如此。它是美國的屬地，有一段期間它的獨立黨聲勢浩大，向美國要求獨立。美國聯邦政府非常大方，讓他們舉辦公投，只要公投通過就可獨立。公投結果並未通過，後來「波獨」式微，獨立無望，很多波多黎各人就希望公投成為美國的第五十一州。但美國政府說：要獨立，你們可自行公投決定；但要成為美國的第五十一州，則不是你們可自行決定的，這就得由我們聯邦政府來決定。看看人家竟可以將決定權分辨得如

此清楚，這就是民主素養、民主制度的問題。最重要的是：「民主可以包容獨立、統一及維持現狀等不同的意識型態；但任何意識型態都不能取代民主，凌駕民主。」其實民主不只是一種政治制度，更應將其內化成為一種生活方式，一種待人處世的態度，這才是最重要的。

（III）美國前副國務卿佐立克(Zoellick)曾說：「『信守承諾』在政治上、外交上，是很重要的事情。」而這句話一般認為是針對台灣領導者來說的。駐歐代表程建人先生雖然政治立場和我相左，但我依然非常欣賞他的外交專業能力。他也說：「對人誠實，對事誠實，對其他國家誠實，最重要的還是對台灣人民誠實。」正如西方的至理名言：「誠實是最好的政策」。與人對話溝通，尤其與立場意見不同的人，一定要內心誠實，態度誠懇，待人包容，才能受人信任，才能建立互信的基礎。若能被信任，即使政治立場不同，可能反對的聲音至少可以減弱，甚至還可以理性對話；若不被信任，就算政治立場一樣，也無法得到幫忙。能否被信任是最基本的問題，而要得到信任，就必須要誠實。

（IV）俗話說：「天生我材必有用」，我們不能只看對方的缺點，就認為對方一文不值。其實不管藍綠，每個人都有優點，亦有缺點。我常說：只看每個人的缺點，天下沒有一個人可以用；只看每個人的優點，每個人都可以用，若能將其優點擺對位置，可能就是一個天才。也許這

種看法，可能過於天真理想，有時恐怕也會誤事。但我相信如此的信念，如此的態度，比較可能成事，做更多的代誌。

以發明大王愛迪生為例，愛迪生曾說：「雖然我耳聾，有很多不便，但也因為耳聾，別人對我說話都盡量長話短說，簡單扼要說重點，同時也用較大的聲音講話，我相信當一個人大聲說話時，比較不會說謊。」如此一來，缺點不就變成優點了！

（V）擴大共識，縮小差異。以上所說是態度、觀念的問題。在實際作為上，藍、綠確實有不同的地方，但是也有很多相同之處。鄧小平在改革開放時，就始終「堅持不搞爭論」，「不必要的仗不打」，有爭論的就暫時擱置，從沒有爭論的先做，因而改革終於能成功。我們不要一味強調不同的地方，而應繼續接觸協商，擴大有共識的議題，縮小不相同的部分。即使短期間無法取得共識，應暫時擱置，包容不同意見(agree to disagree)，互相尊重；對於有共識的議題，就攜手共同合作推動。譬如：簽訂FTA、參加WHO、司法改革、改善治安、教育改革、國土規劃等等……因為只要共事，就可增進相互了解，會慢慢建立起互信的基礎，之後事情會越來越順利。

◎ 態度決定高度，格局決定結局

這次過年時，我和內人經由雪山隧道回去宜蘭，覺得真是方便許多，只要四十多分就可抵達。這也讓我憶起：當初在電視看到雪山隧道的通車典禮時，我的心情相當複雜──這個世界級、極度困難的工程，台灣能夠完成，我覺得非常驕傲；但另一方面我也覺得很惋惜。在紅色吉普車上坐著蘇貞昌、謝長廷、游錫堃、張俊雄，還少了一位唐飛（不過當時唐飛可能不在國內，還算是情有可原）。但是開通雪山隧道是一九九〇年，郝柏村當行政院長時的決策，簡又新也說那是他任交通部長時動土的。是政策的延續性，方能有今日的成果。換成是我，我會邀請歷任的行政院長郝柏村、連戰、蕭萬長來參加通車典禮，這不是搶功與否的問題，而是風度的問題，不但沒有損失，相信還能獲得各方的肯定。

前行政院副院長林信義當聽到我的看法時，也大表贊同。他表示他也是想如此做的：台灣加入WTO時，恰逢政黨輪替由他擔任經濟部長，那時得以加入WTO大家都很高興，決定要辦慶功酒會。他實在非常幸運，剛上任什麼事都沒做就中獎。其實功勞都是前面幾任經濟部長的，林信義曾想邀請歷任的經濟部長都出席酒會，請大家鼓掌向他們致謝。我想用這樣的態度做事，政治上的諸多紛爭必能減少許多，同時也能贏得大家的讚賞。

台灣是一個小國，在國際上求生存發展，以小事大要

以智慧，不要耍「特技表演」、「外交煙火秀」。一些小國──像以色列面對阿拉伯世界，芬蘭面對蘇聯、瑞典，愛爾蘭面對英國，新加坡面對馬來西亞的情形下，其求生存發展的思維與手法，值得台灣好好學習。但國內若無法團結，爭吵不斷，則必輸無疑。我常說：「兩岸和平是台灣島內政治和諧的副產品。」國內和諧，國際和平的機會就很大。難怪李登輝前總統最近也呼籲：必須認真思考，如何努力擺脫政治對立，創造安定的政局，這是他目前最大的希望，最關心的代誌。

　　法國大文豪普魯斯特(Marcel Proust, 1871-1922)曾經說過：「真正的發現之旅不在尋找新世界，而是用新視野看世界。」面對全球化的浪潮與中國和平崛起的壓力，台灣社會又政爭不斷，解決之道似乎遙遙無期、相當困難。不過我認為其實並非那麼困難，這只是觀念、態度的問題，只要藍綠政治人物以一種新思維、新視野的態度，彼此多一點尊重、多一點包容、停止指責對方，就如前面所提雪山隧道、加入WTO的例子，小小的一步就能解決許多問題，我相信以台灣人的智慧，沒有什麼解決不了的困境。

　　最後我想以一句話和大家共勉──「態度決定你的高度，格局決定你的結局。」

　　作者於1961年出國留學，1991年年底因黑名單闖關回台，以首謀內亂罪被起訴，在土城看守所關了十一個月，隨後獲釋交保。出獄後，他發現闊別三十年的台灣社會變了。最明顯的是物質水準提高，道德水準下降；有形建設大興土木，無形建設卻相對落伍；經濟發展蓬勃，社會文化卻向下沉淪，令人擔憂。

　　做為一個台灣建國運動者，他不禁自問：「我對台灣的終極關懷是什麼？」百般思索，才恍然大悟：台灣人運動的終極目標，應該是一個確立台灣立國價值觀的文化運動。他深信廿一世紀的台灣，不只需要政治維新、經濟維新，更迫切的是進行一場全民心靈改革的文化維新。只有透過這樣的心靈改革，才能認識到台灣問題的根源，也只有融新匯舊與創新優質的台灣新文化，才能找得到台灣真正的出路。這也正是他在1996年成立「開創台灣文化基金會」的本意，期待透過這個基金會，結合老、中、青的有心人士，為台灣文化的重建與創新，共同善盡最大的心力。

　　本文係作者將2002年前後在大專院校，台灣人社團的多場演講，形諸文字整理而成。

前言

　　如果光看學歷，我是美國名校萊斯大學(Rice)的化工博士，有二十年的時間，在美國知名且唯一私立免學費的庫伯聯合大學(Cooper Union)化工系擔任教席，並當了系主任，所以也是大學教授。在一般人的印象裡，唸理工的人大概都是戇直而務實的。事實上，我大致也是這樣的人。早初，我的生涯規劃便是想當個與世無爭的學者，埋首於學術研究工作。以美國的環境條件而言，的確是做學問搞研究的好地方。

　　但人算不如天算。既然我是一個務實的理工學者，追根究柢的治學方式，自然也會應用到我對社會的觀察上。在我的那個年代，台灣留學生到了美國，除了大開眼界，最大的改變，恐怕就是個人思想的自我覺醒。這種覺醒，因人而異，深淺有別。但最起碼每個台灣留學生都會感受到美國社會那種自由、開放的民主氛圍。看美國，想台灣，我油然興起一股前所未有的深沉的悲憤。生為台灣人，我逐漸覺悟到對自己鄉土應盡的責任和義務——要是台灣人不能突破外來政權的統治，如何對得起四百多年前

冒死橫渡黑水溝的列祖列宗？

　　由於這種覺醒，我在美國毅然決然的參加台灣人獨立運動，使自己走上了不歸路。我不但參加了台獨聯盟，而且還擔任了十四年的台獨聯盟主席。嗣後台獨聯盟號召海外人士返台，我又當了遷台前後四年的獨盟主席。像我這樣一頭栽進推動台獨的同志為數不少。不過看起來，我倒成了「不務正業」的典型，不像黃昭堂、許世楷他們的專業本來就和政治有關。

　　一九九一年十二月海外黑名單同志前仆後繼的闖關回台，我以首謀內亂罪被起訴，在土城看守所關了十一個月，隨後獲得交保。出獄後，我發現闊別三十年的台灣社會變了。最明顯的是物質享受普遍提高，但道德水準卻日趨下降；有形建設到處可見，但無形建設卻乏善可陳；經濟發展雖有目共睹，可惜社會公德卻向下沉淪，令人憂心。

　　在我踏上故土時，台灣的環保運動已經普遍受到社會大眾的關注，不論是空氣污染、水污染，或是興建焚化爐、闢設水庫等等，都可能因時因地而形成一項公眾論壇，這是十分可喜的現象。只是在喚起社會大眾對環境問題自覺的時候，卻少有人去關切一項更嚴重的社會生態課題──台灣人的精神心靈污染。

　　猶記得蔣渭水在他那篇為當時台灣社會把脈的名文〈臨床講義〉中，針砭台灣人「道德頹廢，人心澆漓，物欲

旺盛，精神生活貧瘠，風俗醜陋，迷信深固，頑迷不悟，智慮淺薄，不知永久大計，只圖眼前小利，墮落腐敗……寡廉鮮恥……。」他所指陳的這些症狀，現在更有過之而無不及，竟連心靈都墮落了。一九九四年我到台大法學院國際會議廳參加當時台灣筆會會長李敏勇主持的「文學與政治」研討會，想不到我是唯一出席的政治人物，這是不是意味著政治人物只知道搞政治，除此之外對社會改造便是抱持一種事不關己的冷漠態度。畢竟，從現實的觀點來看，政治是最容易短線操作、立竿見影的；而文化則是需要一步一腳印的努力深耕，當然短視的政客是要敬而遠之的。因此不難看出，過去台灣發展經驗顯示，經濟的發展往往有量無質，民主的改革有架構而無內涵，以致國家的競爭力難以強勁的提升，更遑論文化的建樹了。

做為一個「不務正業」的台灣人，三、四十年來的覺醒，讓我深信，二十一世紀的台灣不只需要政治維新、經濟維新，更迫切的需要進行一場全民心靈改革的文化維新。只有透過這樣的心靈改造才能認識到台灣問題的根源，也只有融新匯舊與創新優質的台灣新文化，才能找得到台灣真正的出路。

〈文化：台灣問題的根源〉當中的文章，其中有一部分是我在李登輝之友會全國總會主辦的關懷台灣本土活動的講稿；也有一部分是我在其他場合的演講。我曾經在美國自我放逐了半個甲子，為台灣獨立運動奔忙，因此

書也沒教成，台灣人運動卻成了我這一生最大的志業，其中的遭遇，既有困頓也有欣慰。對我這個老台獨而言，我始終堅信《聖經》上的一句話：「流淚播種的，必將歡呼收割。」正如我們常掛在嘴邊說的：愛拚才會贏。台獨運動從歷盡艱難險巇到實現政黨輪替，雖然看似大有斬獲，但實際上卻面臨了相當嚴重的瓶頸。當「一個中國各自表述」和台灣領導人高呼「中華民國萬歲，三民主義萬歲」時，台灣人運動已經出現最大的盲點，但政客們和許多運動者還不以為意，浸沉在形勢一片大好的自我意淫中，怎不令人痛心。

　　文化是一個民族、一個國家的根，要深化台獨運動，那麼台灣文化的重建與創新是一項刻不容緩的最大課題，也是衝破台獨運動瓶頸的不二法門。基於這樣的認知，我謹將過去的幾場演講形諸文字，整理彙集成冊，藉供給關心台灣前途的朋友閱讀及探討。當然我更切盼這些文字能起一點拋磚引玉的作用，讓更多有關台灣文化重建與創新的論述出現，好為台灣文化的深耕，共同善盡最大的心力。

〔第一章〕
台灣國家的價值觀

　　一九九二年我在大家的協助下，終於突破黑名單的禁錮，走出台灣政治的歷史監牢，再度擁抱闊別多年的台灣社會，歸根故土的宿願終於得償，心中的歡喜自然是不言而喻。

　　然而，返台的這整整十年當中，我貼近去感受台灣社會的脈動，心情卻是十分複雜，可說是憂喜參半。喜的是，台灣人的自覺，已經逐漸被喚醒；憂的卻是，自覺的幼苗，在尚未成蔭之前，又被嚴重污染。做為一個台灣建國運動者，我不禁自問：「我對台灣的終極關懷是什麼？」

　　長期以來，無論是島內或是海外的「台灣人運動」，大部分都是把焦點對準台灣人所受的種種政治壓迫，所幸經過三十多年的打拚，的確創造了一個政治架構全然不同的台灣社會，使台灣人在政治上享受前所未有的自由和民主，彷彿潛藏在社會的種種鬱抑，一時之間完全被解放。這些束縛的解放，使得社會活潑充滿生機，但是卻也帶來

很多脫序的亂象，甚至很多價值觀也因此而混淆起來。看到這樣的景況，才使我恍然大悟：**台灣人運動的終極目標，應該是一個確立台灣立國價值觀的文化運動。**

是的，當前我們的社會，迫切需要進行一場深度和廣度兼具的台灣文化的重建與創新運動。

不過，在從事這項論述之前，我有必要對文化的涵義和影響，約略提出個人的看法。

文化是一種非常抽象的概念，也是捉摸不到的東西。一般而言，所謂「文化」，即在一個特定的社會裡，形成人們思想、行為的規範，也就是一群人共同的價值觀。具體而言，即是一種生活方式，一種價值觀，一個蘊含教養、品味、智慧、心靈和創意的結合體。好比要了解一個城市的文化，既要觀看它的建築、市容和景觀，也要了解市民日常生活所展現的特定的活動內容，包括民俗節慶、生活禮儀、藝文活動、生活涵養等。顯見一個城市的文化已經和城市的特質與市民生活品質，畫上相當程度的等

號。再擴而大之，就是一個民族內涵的展現。所以文化有
形形色色的型態，諸如：企業文化、享樂文化、年輕人文
化、開車文化、政治文化等等。不同的文化杳然雜陳，價
值取捨因地而異，美國人介意緋聞，法國人則無所謂，甚
至偏愛八卦。因此，什麼樣的文化，造成什麼樣的社會；
有什麼樣的過程，就導致什麼樣的結果；有什麼樣的人民
群眾，就會產生什麼樣的政府。於此可見，一個清廉政治
文化的培養，並不單靠國家領導人的意志與修養，更重要
的是端賴社會大眾共同建立的正確觀念，有以致之。

　　另一方面，從人類演進的歷史來看，今天我們所以
能夠了解古早人的，幾乎都是靠他們遺留下來的價值觀、
道德、思想與藝術的遺產，而不是端賴他們的經濟活動。
譬如國民所得的高低、外匯存底的多寡、生產效率、統計
數字、經濟效益、投資報酬率，這些數據可能有如過眼雲
煙，當這個世代結束了，下個世代的人就忘記了。但是道
德、文化、藝術的遺產，則會一代接續一代的流傳下去，
影響深遠。因此西方人說：「經濟是一種現實的力量，而
文化卻是一種信心的力量。(Economics is the power of reality, but
the culture is the power of trust.)」可見文化的力量，比較長久而
且深遠，而政治經濟力量則比較短暫而膚淺。

　　事實上，任何人類的經濟活動，如果沒有道德約束，
就會變成爾虞我詐，巧取豪奪，互相算計，如此生活就沒
有什麼意義和品質可言了。而在經濟活動裡面，如果不能

同時對文化、藝術有所提升，則經濟活動越頻繁的時候，就會造就越多銅臭味的人。甚至，當經濟活動脫離了道德與文化藝術之後，如果越興盛，反而社會奢靡成風，成為墮落與敗亡的催化劑。歷史上的迦太基興亡就是最好的例子。

◎ 迦太基覆亡：追求財富至上的國家悲劇

　　有一本書叫做：《一個通商國家的興亡：迦太基遺書》（此為初版書名），寫的便是二千二百年前「地中海女王」、「經濟大國」、「貿易大國」迦太基被羅馬帝國徹底毀滅的亡國經過。腓尼基人據稱是地中海沿岸最擅長經商的民族，二千多年前在北非建立了迦太基王國，成為當時首屈一指的經濟強國。史書上說，腓尼基的商人「比天上的星星還多」，是一群「只知賺錢，沒有娛樂的工蜂」。他們除了追求黃金之外，還是追求黃金，不像希臘城邦把金錢用在創造文化上面，追求超越金錢與財富的精神文明。因此，雖然它的海軍強大，騎兵驃悍，軍力不遜於羅馬，但卻「因財富而心高氣傲」，「因榮華而失去理智」，以致陷入經濟的自大與自卑之中，經過三次布匿克戰爭之後，終於被羅馬徹底的毀滅，從地球上消失。

◎ 羅馬帝國也是重蹈覆轍、走向滅亡

　　我非常擔心，台灣這幾年來，似乎也有這種趨向：越

來越重視功利，重視財富的追求，社會奢靡成風，到處充斥著浮華與墮落。這種經濟掛帥，財富至上的價值觀，是否也會讓台灣社會步上迦太基、羅馬帝國的後塵，令人憂心忡忡。

歷史的教訓使我們了解文化的重要是凌駕於經濟之上。然而文化建設這條路，自古迄今從來不是平順的坦途——它不能立竿見影，它像一株小樹，需要不斷地澆灌、培育和呵護。譬如教育，也是十年樹木，百年樹人，是無形的建設。在經之營之的過程中是很難得到掌聲的，成效只能等待歷史的見證。尤其在功利社會裡，文化或藝術往往被誤解是裝飾性、欣賞性、宣傳性的事物或是奢侈品，可有可無，甚至認為對經濟的發展一無是處，是只會花錢而不能賺錢的。當然，這種論調似是而非，不足為訓。在此，我要舉歷史上三個非常值得一提的顯例。這三個文化運動都強而有力的推動了國家的發展和社會的進步。

第一個例子，便是歐洲在西元十四至十六世紀迸發的文學藝術上的文藝復興運動(Renaissance)。其始於義大利的佛羅倫斯，而後幾乎傳遞於全歐洲。它的內容十分廣泛，主要成就在於人文教育的建立，繪畫、雕刻、建築等藝術創作的昌盛；天文、物理、醫學、技藝及科學方面的新發現，以及方言文學的發達等等。此外，它更透過思想啟蒙(Enlightenment)、宗教改革(Reformation)等運動，使原本封建的歐洲社會轉化成現代化有文明的公民社會。

其次是十九世紀的日本京都文藝復興。一八五三年美國培利(Matthew Perry, 1794-1858)將軍以四艘黑色艦隊，強行駛進日本江戶（東京）港口，迫使日本門戶開放，打破日本二百多年的鎖國政策。日本人因此受到刺激，引發了日本京都文藝復興。一八六八年的明治政府成立，結束了長達三百年的德川幕府，推動明治維新，全力引進西方文明，主導以日本為主體，以平民教育和美學教育為內涵的文化、思想改造運動，使日本成為現代化強盛的國家。

明治維新後，日本的國力迅速壯大，不到三十個年頭，軍事上已經在甲午之役及日俄戰爭雙雙告捷。一八九五年在甲午戰爭擊敗清朝，簽訂馬關條約，清廷割讓台灣，成為日本的殖民地。一九〇五年在日俄戰爭中更打敗強大的蘇俄帝國，訂立樸資茅斯條約，割讓庫頁島的南半部給日本，承認日本為朝鮮的宗主國，劃長春以南的勢力予日本。日本從一個鎖國封閉的社會轉變成門戶開放，接納西方，但又不失主體性的維新自強，使得日本脫胎換骨，一躍成為現代化國家，怎不令人刮目相看。

坦白說，中國在面對西方文明的衝擊時，往往只張開眼睛，沒有敞開心靈。八國聯軍後的庚子賠款曾保送了一批留學生到國外深造，但這些受西方知識洗禮的留學生回國後，卻得不到政府的重用。像嚴復只能做些翻譯的工作，介紹西方經世致用的名著，像赫胥黎的《天演論》、亞當‧史密斯的《國富論》和斯賓塞的《群學肄言》等譯

述，再大不了，也只能一吐鬱卒的撰文鼓吹維新自強。

第三個例子是一九八五年法國總統密特朗(Mitterand)推出劃時代的「十大計劃」，包括新凱旋門、大羅浮宮、巴斯底歌劇院、龐畢度中心、奧塞美術館、自然史博物館、法國圖書館、阿拉伯世界學院等，使巴黎成為現代歐洲與世界文化、藝術及思想中心的殿堂更為確定。他個人也奠定了在法國文化和歷史上無可取代的「文化總統」的美譽。

文化建設，雖然不能立竿見影，但卻一直是最具魅力和內涵的政治功績；文化、藝術和思想的成就，始終是所有具備遠見和歷史感的國家領導人，最希望留給後代子孫的政績與禮物。

今天的台灣，國民平均所得已與先進國家差不了多少，更是全世界第十六大的經濟體，確實是一個經濟繁榮的社會，但這個社會在生活品質、環境生態、守法習慣、美育水平、文化內涵的評比上，卻和先進國家出現相當大的落差。台灣人民對守秩序、公正、理性、自制、尊重等等這些最起碼的「公民社會」氣質，仍未建立，怎不令人憂心。所以我們務必透過教育改革、社會改革，以及心靈改革來加速台灣的進步，使之成為一個高度文明的先進社會。

〔第二章〕
中西文化的本質差異

中國人自詡中國為擁有五千年歷史的文明古國，並且習慣炫耀中國文化的優異傲人。果真如此嗎？那麼我們不禁要問，中國文化傳統的本質到底是些甚麼東西？是人情味？乖順聽話？講面子？父母之命、媒妁之言？存天理，滅人欲？或是黨同伐異？夷夏之防？政治掛帥？老死不相往來？

到底中國文化與西方文化有哪些主要的差異？我們可由幾個方面來探討：

◎ 在社會的人際關係上

中國側重於縱向垂直關係，即由上而下，「君君、臣臣、父父、子子」，構築成在國家是君臣、在家庭是父子、在學校是師生的金字塔關係，都是由在上位者君父、師長擔任維持秩序的功能，提供道德的規範，成為每個人行為舉止的負責對象。縱然君父師長有錯，下詔罪己就是最大的處分。所以這樣的人際關係是單向的，是只有接受

而沒有自主性反饋的互動關係。

相反地，西方社會是橫向水平關係，以人人平等為人際關係的先決條件和社會規範，較無長幼尊卑的威權命令，同時也強調「法律之前，人人平等」(No one is above the law)，像尼克森貴為總統，卻因水門事件而下台，就是最好的寫照。

目前台灣社會因威權統治解體，垂直架構破壞，而新的橫向關係尚未建立，進退失據，莫知所從，以致社會脫序一片混亂，豈能置之不理。

◎ 公共道德觀念

中國重視五倫觀念，君臣、父子、夫婦、兄弟、朋友，卻忽略了個人在家庭、工作及朋友以外的人倫關係──也即是六倫的群己關係。所以比較缺乏關懷鄉土、關懷社會、關懷人群的人文情操，這也造成了所謂「公德心」，往往光是嘴巴說說，紙上寫寫，而不是付諸行動去身體力行的。

而西方則是重視群體教育、人文關懷、人道精神。個人是屬於公正、理性自制、守秩序的公民社會一份子，生活交往範圍較廣，重視人際關係，並關心公共事務，比較普遍遵守公共道德，彼此約束、互相尊重。

◎ 對不同事務的包容性

影響中國最大、最久的一股文化主流，就是儒家思想的一元化價值觀。在中國的思想文化領域上，儒家思想被定於一尊，並且是「放諸四海而皆準」，因此視其他學說為邪說，為旁門左道，不容發展。事實上，儒家思想的思辨，有它博大精深的一面，但被統治者定於一尊的做法，卻也導致中國社會欠缺恢宏的器度，拙於自由辯論，阻礙了包容、妥協素養的養成。歷史上，不管是漢武帝罷黜百家，獨尊儒術，或是秦始皇的焚書坑儒，明清的大興文字獄，箝制思想，抄家滅族，都是上述心態的投射。

西方社會在希臘城邦政治發展之初，便是多元思想的開端，後來雖因基督教文化而有所壓抑，但在文藝復興時期之後，便確立了朝向包容、思想多元化發展，因而產生民主思想。有一句我們耳熟能詳的名言：「我雖然不同意你的言論，但我會誓死捍衛你發言的權利。」無疑顯露出彼此包容、相互尊重的民主素養。

◎ 教育觀念

中國的八股科舉制度，從秀才、舉人、進士而至狀元，考試範圍只限於儒學經典，考生對四書五經倒背如流，但對其他學問則漠不關心。為求取功名利祿而受教育，目的在於光耀門楣，榮宗耀祖，造成知識追求的嚴重物化。最典型的樣板思想就是「萬般皆下品，惟有讀書

高」及「書中自有顏如玉，書中自有黃金屋」。清朝平定太平天國的功臣名將左宗棠，他在七十多歲出師新疆的途中，聽說朝廷恢復科舉，二話不說就折回北京參加科舉。而今仍然左右莘莘學子命運的升學主義、文憑主義，使得教育與生活脫節。因此，縱然學問很好，但是沒有解決問題的能力，不會應用智能，以致造成學歷不等於能力。今天學生的通病，就是一切都是為了應付考試，重視記誦，不講求了解，只知其然，不知其所以然，難怪被譏為考試機器。

西方教育使人具備基礎知識，產生主動學習動機，重視知識的實用價值——學以致用。人文教育使人民產生自信，學習做一個有教養的人。聯合國教科文組織(UNESCO)認為未來學習的四大支柱是：學做事、學做人、終身學習及學習與人相處（亦即是所謂EQ），這四大支柱充分顯示西方社會的教育理念。

◎ 政治觀念

（I）國家觀念

中國受到長期的帝制影響，政治人物普遍存有「家天下」的觀念，自夏禹到袁世凱、蔣介石、毛澤東，莫不以真命天子自居，搞的是「人治」這一套把戲。

相對的，在西方民主社會普遍建立了「沒有不可取代的人」這種公天下的觀念。喬治·華盛頓在憲法沒有規定

下，創下連選只得連任一次的典範；他在一七八九年擔任美國第一任總統，在一七九七年拒絕再做第三任總統，寧願回鄉做農夫。邱吉爾是第二次世界大戰時期的偉大政治家，也是領導英國戰勝德國的首相，但戰爭快結束時，他卻選舉失利，由首相變成一介平民，從波茨坦會議中被召回。事後有位美國記者問他：「你會不會覺得英國人有點忘恩負義？」邱吉爾卻坦然回答：「不會，這點證明我們英國人還很年輕，並未衰老。」他有一句名言：「酒店關門，我就走。」多麼灑脫！卻沒有減損他的偉大。

（II）法律觀念

中國是一個人治的社會，講究的是情、理、法。法律之前也因人而異，送紅包、走後門、拉關係都能產生作用。

西方剛好相反。他們強調法治，講究的是法、理、情；而「情」須從「正直」、「公平」出發；衡情，也須論理。

（III）政治上的競爭文化

中國政治文化擅長玩弄權術，充斥著爾虞我詐，勾心鬥角，是重術而不重道。茲舉一個我個人的經驗博君一粲。我擔任台獨聯盟主席時，雖然大家認為我熱心夠，但不懂政治，因此拿了《資治通鑑》、《戰國策》、《三國演義》、柏楊的《中國人史綱》給我讀，由於太多文言文，讀起來較為吃力，也不太能體會，於是朋友又送了一

本民間家喻戶曉的《厚黑學》給我參考。乍讀之下，不免大驚失色——原來中國政治的ABC竟然大有學問，而且還分層次：一般人是臉皮厚，心肝黑，就可為所欲為；但到了將軍這個位階的，為將之道，便得心黑而亮，臉皮厚而硬，才能無往不利；至於一國之君，須修練到心黑而無色，皮厚而無形才是爐火純青。

相較於西方，則西方人比較傾向於良性競爭，遵守遊戲規則。因為競爭，就必須全力以赴，規規矩矩，願賭服輸，所以是光明正大的君子之爭，具有運動家的精神——勝不驕，敗不餒。美國總統雷根在卸任後，有人出了一本書，叫做《權力遊戲》(*Power Game*)，是描述他在白宮主政時，如何在大家認同的「遊戲規則」下，巧妙地爭取最大的影響力，發揮最大的施政功能。舉例說，壞消息都選在週五公佈，因為隔天見報已是週末，比較不會引起注意，自然衝擊會比較小。但好消息則放在禮拜天宣佈，因為假日記者休假，消息不多，星期一變成大新聞的機會比較大。雷根的做法，正是民主社會政治領導人的「政治藝術」，這絕不是所謂的「政治權術」。

（IV）歷史觀

中國歷史常會週期性的出現「天下分久必合，合久必分」的循環模式。由於「朕即天下」的自大心態，自然形成中國人「一統」是治世，「分治」是亂世的偏頗價值觀。以為「分」是過渡，是不安，是對歷史的罪行；

「合」則是常態，是正道，是中國人對歷史的責任。所以治亂的評價，是以統治者的立場來看待，而非以人民的幸福為指標——也就是說，將政治的統一，放在比追求人民生活福祉更為優先的地位。因此，台灣獨立被斥為數典忘祖，是背叛民族的行徑，必須全面打壓、遏阻。

西方的歷史觀則從部落神權到封建君權，再演進到民主人權。國家、政府是基於人民的需要而存在。因此，設立政府的目的，是要它為國民服務，而不是要人民受政府役使。美國的獨立宣言明白指出：「人類有若干不容剝奪的權利，包括生命、自由和追求幸福。為了保障這些權利，人民設立政府。政府合理的權利是取自於被統治者的同意。任何形式的政府，一旦破壞了這種目的，人民就有權加以改變或推翻，建立新政府……推翻這種政府，提供新的安全保障，是他們的權利，也是他們的責任。」旨哉斯言。

（V）國家是生命共同體的結合

我們可以這麼說，一個和諧進步的社會，一定具備現代化國家觀念——也即生命共同體的觀念。近代國家的形成，不只基於同文同種的客觀條件，更重要的是基於共同命運與利益的主觀意識。例如華裔佔絕大多數的新加坡，能夠和馬來人、印度人及其他種族建立自己的國家，就是最好的證明。所以李光耀說過：「我不是中國人，就如甘迺迪總統不是個愛爾蘭人。慢慢的世人會知道，新加坡姓

李、姓高、王、楊、林的人們，外表上是中國人，說著華文，然而卻與中國人不同。他們有中國人的血統，他們不否認這點；但重要的是，他們以新加坡的立場思考，關心新加坡的權益，而不是以中國人的立場，為中國人的權益著想。」

台灣獨立建國聯盟早在一九七二年就主張，凡是認同台灣，熱愛台灣，將台灣當作家鄉，願意和台灣共命運的人，無論是第幾梯次遷徙來台灣，就是新台灣人。其次，一個民族也可以形成幾個國家，如日耳曼人形成德國、奧國、瑞士；也有的是由幾個民族融合成為一個國家，如美國。顯見國家的成立，取決於國民意願的選擇，而不是統治階層的強制。自十九世紀以來，追求獨立的國家遠比嚮往統一合併的國家為多，這是現代化民主人權政治的本質及潮流。以下的數據可為佐證：一七七七年世界有三十五個國家；第二次世界大戰後有六十四個國家；聯合國成立的會員國有五十一國；一九六〇年代已有一百三十個國家；現在全世界有一百九十三國，其中只有台灣及梵蒂崗未加入聯合國。

◎ 哲學觀

中國人是世界上最迷信的民族，多數人不知信仰為何物，所以卜卦、拆字、看風水、命相、畫符等名堂繁多，令人迷惑不知所從，雖說中國人也有少數科學發明，

如算盤、火藥、指南針、紙張……等等，卻也只止於淺嘗
輒止的地步，不能再研發力求精進。邏輯、理性等元素不
能成為哲學發展的主軸，導致無法進一步發展，確實相當
可惜。

　　而西方，則著力於自然科學，秉持邏輯理性的態度，
探索自然，溯源探本，發展推論的理性論辯邏輯，培養客
觀、理性的分析能力。

◎ 文化觀

　　中國屬大陸文化，特色為封閉、專制、思想僵化、排
斥新知、沒有雅量接受外來文化，形成自負托大，少有自
省的能力及大開大闔的改革精神。因此雖有一八九八年的
百日維新，一九一九年的五四運動，仍偏重於知識與科技
的層面提升，可是在文化上卻仍原地踏步。最好的證明，
就是五四運動大力鼓吹德先生(Democracy)與賽先生(Science)
這兩樣法寶，但民主化的德先生卻很難在中國社會生根發
芽。如果當前的中國是一個崇尚民主的大國，則台海兩岸
的劍拔弩張的情勢早已消弭於無形了，因為窮兵黷武是不
為國際社會所容許，更不是一個民主國家所敢造次的。

　　所幸，台灣是屬於海洋文化，具有冒險開創、奮鬥
苦幹、隨遇而安，包容多元文化，敢於求新求變的精神。
三、四百年前，明、清的海禁雖嚴，寸板不能下海，但台
灣人的先祖，仍敢痛苦地告別親戚祖厝，冒險犯難勇渡所

謂「六死三留一回」的黑水溝，避秦到台灣，在此新天地安身立命，就是這種移民性格、海洋精神的具體展現。

◎ 結語：炎黃子孫能不羞愧？

中國五千年的傳統文化到底成就了什麼？是纏小腳？是焚書坑儒？還是「無事袖手談心性，臨危一死報君王」的無為、愚忠？雖然民間風俗傳統文化還有不少值得傳承的東西，但史家一般認為中國文化到了唐朝以後，就差不多停頓了，隨後的朝代皆欲振乏力，更遑論會去深耕文化。

西方文化呈現的是多元繽紛的活力：他們發明了飛機、火車、汽車、輪船、手錶、人造衛星、摩天大樓、電視、電話、電報、電腦、超音波、太空船、動植物的品種改良等等。而在社會科學方面，民主、選舉、議會、政黨、人權、自由、自治、人類學、物理學、生物學、心理學、社會主義、共產主義、資本主義等等，不一而足。顯然這些都不是自詡為擁有五千年文化的中國傳統所能發展出來的。

〔第三章〕
以台灣為主體的文化

　　首先，我們應先釐清台灣文化是中華文化的一個支流嗎？是地方文化嗎？或是臣屬於中國文化之下的一種次級文化？由於茲事體大，我們必須慎思明辨。

　　何謂中華文化？事實上這是一個頗令人困惑的難題。首先就時間而言，春秋戰國時代的文化不同於秦漢文化；漢唐的文化不同於明清文化；甚至中華人民共和國執政五十四年的共產文化，亦大異於中華民國在大陸執政三十八年的文化。

　　其次，就空間而言，大陸文化不同於海洋文化；中原文化不同於邊疆文化；東北文化不同於西北文化；兩廣文化不同於江浙文化。所以誰是主流，誰是支流，很難給予客觀的論斷。

　　再說，台灣的「本土文化」，其實也是一個籠統的名詞。台灣文化，有原住民文化成分，有中國中原文化成分，有閩粵沿海文化成分，還有外來西班牙文化成分，亦有荷蘭文化成分（台灣的黃牛是荷蘭人從印尼引進台灣的，其他如

農具、甘蔗苗種亦是）及日本文化，而近數十年來更有大量的歐美文化成分，這樣一個大熔爐式的混合文化，自然與閉塞了數十年的大陸「中華文化」有很大的差別。更何況移民性格的台灣人，可能更接近海洋文化，秉承了祖先冒險犯難，開闢新天地的勇氣與毅力。所以台灣文化中會摻有中華文化，但不能硬拗台灣文化是中華文化的一個支流，其理甚明。

事實上，文化沒有高低之分。西方人在十九世紀時曾把非洲人看成「沒有文化」的低等人，沒想到在文化的自然交流後，卻讓西方人學得了爵士樂(Jazz)，也讓畢加索從非洲的雕刻和人文中，得到無窮的藝術創作靈感。所以文化沒有孰高孰低，也沒有中央與地方之分。換句話說，每個地方都有它自己形成的文化，只有優劣的問題，而不是沒有文化。

但很不幸的，蔣介石自一九四五年第二次世界大戰終結後，即長期佔領台灣。台灣在大中國本位主義的教育體系下，接受了中國文化的薰染，使台灣中國化。造成台灣人只知中國，不知台灣，對中國的歷史文化、山川河海瞭若指掌，卻對台灣的歷史發展、山河地理視若無睹。以致造成崇仰的是中國古聖先賢，相對的對台灣故土的一切卻自我蔑視，自我否定。茲舉一例，我有一個朋友在大學教歷史，他向選修的一百零八位新鮮人發問卷，問了以下幾個問題，結果答案不一，令人啼笑皆非。其中問道：我國

人口多少？有的答二千三百萬人，有的答十三至十四億人口。又問：我國的首都在哪裡？有的說是北平、北京、南京，也有的說是台北，更有的說尚未確定。三問：新加坡的李光耀是否為中國人？結果有九十人答說是中國人。原因是這些學生對國籍與種族分不清楚。（如果你對新加坡人說我們都是中國人，一定會被糾正為他是新加坡人。在新加坡的國慶日，他們都會高歌一曲We are Singaporeans的愛國歌曲，聽來令人動容。）四問：柯林頓總統是否為英國人？結果大部分的人回答說不是。因為對美國人來說，他們雖是由英國移民而來，但獨立建國後就是美國人，而不是英國人了。五問：蔣渭水是何許人？只有十五人勉強知道，在這十五人當中，有些人說蔣渭水是歷史性人物，答案還不錯；有些回答說是抗日英雄，很接近正確的答案；但也有的說姓蔣的都不是好東西。其實蔣渭水的重要輪廓應該是：他是一位痌瘝在抱、視病猶親的醫師，但他也是一位致力於台灣社會改造的有心人，一九二一年十月他發起成立台灣文化協會，一九二七年組成台灣第一個本土政黨——台灣民眾黨。他不但是台灣人非武裝抗日運動最具影響力的人，同時也是日據時代台灣人中最能發揮民族運動影響力的革命家，他是殖民地歧視政策下被壓迫民眾的反抗精神代表者。六問：台灣是中國的一部分嗎？結果半數以上答是，但再問台灣是中華人民共和國的一部分？大部分卻都說不是。由此可見，學生們對國家意識錯亂得一塌糊塗，大概

全世界沒有一個國家會有這樣的怪現象的。

◎ 被掩蓋的台灣歷史

　　猶記得一九六一年我出國留學，去拿博士，當身處美國，相信很多人和我都有同樣尷尬的經驗，那就是碰到Host Family請客，或出席Rotary Club的邀約，席間交談問起台灣的情形，我們常會不知所云，雖然我們生在台灣，長在台灣，家在台灣，然而卻沒有辦法去向外國友人描繪台灣，也不知道有什麼東西可以代表台灣，真是很丟人。但奇怪的是，我們從課堂上熟知中國有五千年歷史，黃帝堯舜、夏商周秦、春秋戰國、秦始皇焚書坑儒，乃至武則天、慈禧太后；清兵入關，消滅明朝；辛亥革命、黃花崗七十二烈士；蘆溝橋事變，八年抗戰等等，卻不知台灣四百年史，原住民有四、五千年的歷史；甚至包括與台灣歷史大有關係的鄭成功驅荷領台，反清復明，而清朝時期（1683-1895）台灣人民反抗，三年一小亂，五年一大亂；甲午戰爭、馬關議和，以及亞洲第一個民主國的建立（1895年5月25日），以藍地黃虎圖樣為國旗的一場歷史變局；至於近代史的霧社事件、文化協會、一九一五年噍吧哖大屠殺的西來庵事件，國民黨外來政權統治台灣發生的二二八事件、美麗島事件、林義雄母女慘案、陳文成命案、鄭南榕自焚等等攸關台灣人獨立運動可歌可泣的史實，卻被忽略。

　　可以說，台灣子弟，普遍熟悉中國的歷史地理文物，卻反而對自己台灣的史地文化懵懵懂懂，所知有限。以下分別就人物、歷史古蹟、山川、節慶、技藝做一對照，便可看出我們對中國和台灣兩者認知的程度差異。

　　我們熟悉中國人物：文天祥、岳飛以及劉備、關公、張飛桃園三結義；知道歷史古蹟萬里長城、紫禁城、西湖、中山陵，也知有長江、黃河、烏蘇里江、黑龍江、喜馬拉雅山，甚至還背得出聖母峰的高度是八八四八公尺。而對端午節吃粽子是為紀念三閭大夫屈原，也都耳熟能詳；當然對宮燈、旗袍、刺繡、國畫、京戲、北平烤鴨也都不陌生。可是提到郭懷一是第一個發動對荷蘭人叛亂的台灣人；朱一貴、蔣渭水、林獻堂等人又是什麼樣的人物，恐怕就少有人知了。即使不少人遊過安平古堡、赤嵌樓、億載金城、大天后宮，但對它的歷史背景，也只是一知半解。台灣的山川濁水溪、大甲溪、曾文溪的確切位置？玉山又有多高？一定考倒不少人。又如大甲媽祖南下進香共八天七夜，來回長達三百七十二公里，善男信女長途跋涉，抵達嘉義新港奉天宮舉行祝壽大典，是世界三大宗教盛事之一，很是熱鬧，但在課本上竟沒有半字提及。再說，台灣各地土產鳳梨酥、太陽餅、擔仔麵、炒鱔魚；台灣戲劇歌仔戲、布袋戲，廟會的宋江陣、車鼓陣，台灣的民謠望春風、雨夜花的時代意義，大概也是不甚了了。

強烈的中國意識已經氾濫到無所不在的地步。我在市長任內舉辦運動會，竟然運動員的宣誓出現：「余等謹奉　國父提倡體育之精神暨先總統　蔣公勗勉國民強身報國之訓示……」這樣荒天下之大稽的文字，套句時下年輕人表示深不以為然的口頭禪：這也未免太扯了吧！

最近我看到一份統計數字，比較教科書的編寫情形：在一九九七年以前，國中歷史當中的本國史佔六十％，外國歷史佔四十％。而本國歷史又以中國史佔五十五％，台灣史僅佔五％；國中的地理教材，以本國地理佔七十三％，外國地理佔二十七％；而本國地理則以中國地理佔六十三％，台灣地理佔十％。難怪學生只曉得如何從南京搭火車到上海、大連、北京，卻不知道由萬華坐火車到員林要經過哪些地方。

雖然一九九八年以後稍作調整，本國歷史當中，中國歷史佔四十％，台灣歷史佔二十％；外國歷史佔四十％；本國地理當中，中國地理佔五十三％，台灣地理佔二十％，外國地理佔二十七％，看起來是略有進步，不過更重要的是要建立一個正確的認識，就是台灣史地不應只是鄉土教育的輔助教材，而應是屬於正統教育課程，台灣人子弟應在課堂上理所當然的要先了解台灣歷史、台灣地理。

◎ 教科書背離事實

有一點必須注意的是，如果我們任令中國史地佔了教

科書的偏重比例，會造成相當大的後遺症，不但外國人搞不清楚何以台灣學生不重視自己的台灣本國史地，卻拚命的去讀中國史地？如果把台灣的地理課本，譯成英文給外國人看，他們會說這是中國的地理課本，實在令人滿頭霧水，貽笑大方。其次，更莫名其妙的是，竟然以敵國的史地來做為升學考試的關鍵成績，這也未免太作賤自己了。難怪成績好，用功認真的學生，熟背越多的中國文學、歷史、地理，就會離開我們的鄉土越來越遠，變成滿腦子的中國而沒有台灣。

當前的教科書還常出現背離事實，自欺欺人的滿紙荒唐。台灣的教科書大言不慚的說中華民國的領土包括三十五行省、十二院轄市、兩地方和一個特別行政區，首都是南京，地圖像是一葉秋海棠（即包括外蒙古——雖然國民政府當年允許其公民投票，在1945年承認其獨立，1961年也默認其加入聯合國，老蔣當時是五常務理事之一，卻未使用否決權）。

實際上，中國大陸的地圖已不包括外蒙古，形狀由秋海棠變成老母雞。首都則是北京，全國調整為二十二省、三直轄市及五個少數民族自治區。如此一來，跟台灣的教科書兩相對照，可是天差地遠。蘇聯前總理戈巴契夫(Gor-bachev, 1931-)，曾經當機立斷下令廢考不實的高中歷史，他說：「測驗學生知道多少謊言，毫無意義。」因此，我們不禁要問：在老師要求學生誠實的同時，卻給了欺騙學生的教材，這是教育的原理原則嗎？

　　照理說，教育的學習原則本來就是由近而遠，由具體而抽象，才是符合邏輯的。也就是說，我們的文學、史地應由認識台灣本土，再循序認識中國、亞洲、世界，而不是先學習那些十三天地外，有孔無榫的代誌，所以本土教育應該放在正規教育的位階。我有一位住日本的朋友的孩子，在學校上課，他的家庭作業是描繪由家裡到學校的地圖。老師要求學生標示沿路重要的地標及其作用。譬如郵局、紅綠燈的功能是什麼，如何寄信等等，還帶學生去實地參觀，讓他們認識厝邊等周遭的環境，正如哲學家杜威所說的：「教育即生活」，讓教育融入生活中。我知道台北天母有一所為在台服務的日本人子弟設立的日本學校，第一堂課便是讓學生先了解台北，這不是很好嗎。此外澳洲的教育，讓學生說故事，再由他人回應，產生互動，從中學習遊戲規則，學習尊重別人，包容別人，也是非常的生活化。

　　事實上，台灣河洛話很優美，音韻像音樂，七聲八調，是世界上最美的語言之一，是中原河南洛陽話，禮記詩篇等古文，用北京話讀不來，只有河洛話才能表現出它的聲韻之美。有一個「胡說八道」的成語典故，剛好可以做為佐證。由於河洛話的七聲八調很難學，不容易琅琅上口，因此北京人把它簡化為四聲的北京話。在五胡亂華時，胡人和八旗人連北京話都說不清楚，不免荒腔走調，因此鬧出胡說八道這種字不正、腔不圓的語言含混以對。

後來形容一個人不正經亂講話為「胡說八道」。至於台灣
的原住民歌曲，被日本學者黑澤隆朝認定是世界上和聲最
美的歌曲，不但保留了人類進化原則中最原始的歌唱方
式，並將和諧圓滿的美學概念與沉潛內斂的社會觀完全融
入他們的音樂中。因其演唱方式的特出與過程繁雜，及音
樂上的半音和聲結構，在世界諸原始民族中獨樹一格而引
起世界民族音樂界的驚艷與讚歎。一九九六年在美國亞特
蘭大(Atlanta)舉行的第一百屆奧運，就是選用台灣原住民的
〈飲酒歡樂歌〉(The Booze Song)改編成奧運的主題歌。台灣
人擁有這麼豐富優美的文化資產，這是台灣人的驕傲。

　　以下三個故事可藉供我們省思：

　　（I）印度聖雄甘地，生在大英帝國的顛峰時期，他小
時候唱的兒歌是：「好大個子的英國人，統治小小的印度
人，因為他們吃肉多了，一長長到七呎高。」因此甘地常
常偷吃肉，想變成魁梧的英國人，對自己印度的東西看不
上眼，一心想模仿英國人。後來到英國留學，又到南非當
掛牌律師，以為自己攀上了白人上層社會階層，直到有一
天，他買了頭等艙的火車票，卻不准進入頭等艙，因為那
是有色人種的禁區。受辱之後，他才決心要確立印度人的
主體性，領導印度人反英國殖民運動。他說當他放棄虛偽
的自我，肯定真我的時候，是他人生的分水嶺。這不只是
甘地人生的分水嶺，更從此奠定了印度人的信心。

　　（II）黑人文化在美國一直被漠視，黑人以自己的東

西為恥，他們設法漂白自己的皮膚，用外科手術來改變鼻型，女孩子從小就被母親想盡辦法把捲髮弄直，設法掩藏自己原來的面目。直到一九六〇年代黑人民權運動領袖金恩博士(Martin Luther King, 1929-1968)，提倡「黑就是美」(Black is beautiful)，開始奠定了黑人的自信心，捨棄以白人的標準去看待自己，於是黑人的文化才逐漸發展，黑人的存在才被重視，甚至白人也欽羨黑人的舞蹈、歌唱、藝術和運動的才華。

　　無獨有偶，在美國文壇也有一位深受美國黑人景仰，被譽為「美國黑人文學之父」的詩人藍斯頓·休斯(Langston Hughes, 1902-1967)，用真情流露的詩作來鼓舞他的黑人同胞，他為真理挺拔不屈，勇於撻伐虛張聲勢的種族歧視，無異是黑人文學中的另一位金恩博士。他有一首短詩：〈同胞〉，正好呼應了「黑就是美」：

　　　黑夜多美
　　　就像我同胞的臉
　　　繁星多美
　　　就像我同胞的眼
　　　太陽也是
　　　宛如我同胞的靈魂

　　（III）一九九〇年波羅的海的小國愛沙尼亞(Estonia)

能夠抵抗蘇俄的強大武力,最主要的原因是對自己民族有
信心,他們的獨立革命叫做歌聲革命(Singing Revolution),五
分之一的人民上街頭高唱著「我就是愛沙尼亞人,我要自
由……」,於是一場很和平、歡愉,但很果敢堅定的大抗
爭,迫使蘇俄的坦克、飛彈、槍砲無能施展,終於恢復了
愛沙尼亞的獨立。

◎ 結語:尋回自己、認識自己、肯定自己

　　文化是一國人民的精神和靈魂,人民的文化受到摧殘
或漠視時,就會讓人民失去光彩,麻木不仁。日本和中國
國民黨統治台灣一百年期間,刻意摧毀台灣語言、文化,
以達到殖民統治的目的,讓台灣人民模糊自我的存在,而
失去自尊心和自信心。今天我們第一個要務就是要認識自
己的存在和價值,肯定本土文化,找回我們自己原有的東
西,並予發揚光大。

　　一九九三年開始,台灣社會陸續出現的社區總體營造
運動、鄉土教學運動等本土化的文化運動,確實是讓被掩
蓋的台灣本土精神,露出一線曙光。我們更期待,教育當
局能翻新教科書,針對歷史、地理、社教、音樂、文化、
語言、文學,編出一套實用的基礎教材,不只是做為輔助
性的鄉土教材,更應該優先納入正軌教育的位階。如此一
來,在台灣成長的孩子才能認識台灣、關心地方、疼惜鄉
土,台灣人的命運共同體意識才會形成。

〔第四章〕
台灣傳統文化的優質化

　　台灣有許多隨不同節令而舉辦的廟會民俗慶典活動，台南府城尤然。例如元旦迎春、正月元宵花燈、三月迓媽祖、五月扒龍船、七月成年禮做十六歲、中元普渡、十月半廟寺建醮、冬節添歲、送禮過年等等。這些活動反映出一個城市居民歷代相傳成俗的生活脈絡，不但豐富了市民的生活記憶，凝聚著生活情感與城市認同，也展現出一個城市精彩文化的深度。

◎ 活動熱不等於文化熱

　　可惜因生活型態的改變，許多傳統民俗活動已逐漸式微、庸俗化，參加的人愈來愈少，層次也日趨低俗。目前台灣的民俗活動，往往只追求熱鬧而流於庸俗、粗糙，沒有文化內涵可言。雖然活動頻繁，但多數是各自為政，只管熱鬧，不求品質，以致艷舞、打情罵俏的表演當道，不然就是鞭炮大作、紙屑飛舞，噪音、垃圾充斥，實在不忍卒睹。像電子花車、鋼管女郎之類，出現於酬神廟會就是

不倫不類的寫照。這與日本京都祇園祭的優質化、國際化相去甚遠，連點美感都沒有，怎不令人感慨。

　　且看我們的民俗慶典：

　　鹽水蜂炮：鞭炮聲震耳欲聾，現場人人戴安全帽，披雨衣，穿茄克，全副武裝，且傷人無數，事後紙屑滿地，又花大把鈔票，大概只有製炮業者賺錢而喜出望外。

　　大甲媽祖繞境：雖是世界三大宗教活動之一，但過程單調、乏味，儀式粗糙、政治意味太濃，加以長途繞境、沉悶、沒秩序，慶典意涵難以彰顯，外國人來台觀光，因為沒有看頭，勉強湊湊熱鬧，一、二天就看不下去，讓台灣民俗節慶無法踏上國際觀光舞台。

　　反觀外國的一些民俗活動，卻能經過精心的設計而提升為優質文化。例如：日本的相撲，以前是年輕人在街頭上的角力，有人戲稱為胖子打架，只是力的較量；經去蕪存菁，竟能提升為「力」與「美」的競賽。更難能可貴的，在出手之前的撒鹽動作，一方面表示驅邪，另方面也宣示選手的光明正大，不會搞小動作，這種沒有暴戾之氣，揖讓而升的君子之爭，變成大和民族心靈上共同的美感而揚名國際。又如義大利的歌劇(Opera)，不也是從街頭獻唱開始的，卻演變成世界級的歌劇。其他如美國南方的爵士樂、西部的鄉村歌曲都能登大雅之堂，我們不禁要羨慕的說：有為者亦若是！

◎ 追求美的台灣文化

　　一般文化皆有其歷史特質，但文化有優劣。當世人一談及雅典時，無不豎起大拇指連聲稱「讚」；相反的，有不少國家、地區或民族，當人們提及時，卻不屑之情溢於言表。可見人是追求價值的動物，在所有價值的層面當中，「美」是滿足心靈需要最重要的核心。紀元前七七六年，第一場馬拉松在希臘舉行，後來四年一度的奧運聖火都在雅典點燃，希臘人對這項舉世矚目的運動引以為傲，這是結合力與美的運動，這才是文化值得追求的部分。

◎ 日本祇園祭的借鏡

　　京都的祇園祭，是日本的三大祭典之一。它是京都這個千年古城發展出來的街町民俗活動，每條街的居民都打扮得很威武，由居民擔任轎伕，拉著代表自己街道，不用釘子組成的「鉾」、「山」等神轎祭器遊街，向代表瘟疫之神的牛頭天王巴結、敬禮、示威、較勁，祈求不讓居民染上瘟疫。這些「鉾」、「山」也被喻為京都的「活動美術館」。令人感動的是，當地居民在活動期間，生意不做，公司關門，全心投入，這樣的全民動員，代表了城市居民認同這個城市，認為該祭儀是城市的歷史傳統，而願意投入。當然又有藝術家的積極參與，使得活動優質化、精緻化，具有相當高的文化內涵。而這樣的情感凝聚，又足以散發城市的魅力，進而帶動觀光產業的發

展，成為聞名國際的年度觀光盛事，突顯日本風貌，確實令人激賞。

◎ 有傳統才有根、有創新才能永續

談起迺媽祖，自然會想到大甲媽、北港媽。其實「迺媽祖」，台南是歷史最悠久，最原始，最正統，獨傲台灣的一項迎神賽會。所謂「迺媽祖，百百旗」、「南北路媽，府城會香」，場面盛大，已有二百年歷史，只是最近中斷了二十多年。其實，府城擁有三大具有特色的媽祖寺廟，一個是大天后宮，為一級古蹟，是官方興建的唯一媽祖廟，亦是唯一正統官祭媽祖的寺廟；第二個是開基天后宮，為台灣最古老的媽祖廟；第三個是土城鹿耳門聖母廟，則是東南亞最大的媽祖廟。因此台南最具「迺媽祖」的各項條件。

基於上述認識，我主持台南市政期間，從二〇〇〇年起又恢復停辦了二十多年的媽祖文化節，用以喚起大家對府城珍貴傳統民俗活動的歷史記憶，促進市民對城市的情感認同。而更重要的是，藉這個節慶來推動民俗活動的優質化與精緻化。在這項活動的整個過程中，要求儀容整潔，不得嚼檳榔、叼煙、穿拖鞋。當時，台南市政府還特別招募了九十餘位大學生充當媽祖轎班，重現秀才扛神轎的情景，展現活動的力與美。如此一來，不但將宗教活動提升為文化、歷史教育層次，促進了舊街道新美街的再造

與古蹟的活化，進而提昇城市文化的內涵與深度，讓這項活動成為府城的文化產業和觀光產業的重要資源。

　　由我成立的開創台灣文化基金會，最近邀請了一些專家學者、文史工作者成立了「台灣傳統文化優質化」推動小組，將選擇二至三項有代表性的活動，賦予傳統文化的現代意義，做為現代化、優質化、精緻化的典範，希望有朝一日，像京都的祇園祭一樣，在台灣能展現出令人驚艷，充滿「台灣味、世界性」的節慶活動。

〔第五章〕
以人為本位的台灣文化

　　我曾接受東森電視台「發燒人物」的專訪，節目中提起我在國小時常與日本小孩打架的故事，至今記憶猶新。起因是當時我就讀進學國小，在上學的途中，必須路過南門小學——這是專給日本人就讀的小學。因看不慣日本小孩的盛氣凌人，享受特權，彼此橫眉豎眼就會幹上一架。日本人奴化台灣，把我們當成二等國民，又做為南進基地，徵兵遠赴南洋打仗，當然痛恨日本人。

　　不過我也要持平的說句公道話，日本殖民統治台灣，卻也使得教育普及，打下基礎建設。但更重要的是當時的台灣社會已養成普遍守法、誠實互信、一諾千金，乾淨清潔、有禮有貌、治安良好（日治時代的高雄州，五十年只有三件大凶殺案）的風氣。終戰初期，台灣社會雖然處於無政府狀態，但台灣社會卻顯得相當理性，自制，自律。難怪終戰後大公報的知名記者蕭乾由上海來台灣，看到日本人建設了五十年的台灣，驚嘆不止，所以寫了一篇〈

冷眼看台灣〉的報導，指陳國民黨政府的「建設新的台灣」是高調，應先保持好根基方是正經。無獨有偶，一九四六年春，另一位上海記者江慕雲也來到被形容為祖國「化外之地」的台灣流連了兩年餘，打算寫一本有關於台灣的小冊子，剛好又碰上「二二八」事件，嗣後回到上海，出版了《為台灣說話》一書，以他所見所聞作了深入報導，讀來令人感動。

反觀當前的台灣社會，犯罪率節節升高，充斥著黑金、色情、環境污染、功利主義，互信基礎薄弱。因為盲目的追求經濟成長，自然忽視文化建設，而向錢看的結果，必然逐漸啃噬掉台灣人的尊嚴，並付出難以估價的環境成本、社會成本、人性成本和文化成本。我們不妨用「人本」的觀點來檢驗今天的台灣社會，我們是否過得比以前快樂？我們是否比以前生活得有尊嚴？有人諷刺說台灣人還是快樂的，但那是屬於低層次的，紙醉金迷的聲色逸樂。英國的《經濟學人》(*Economists*)稱台灣人是貧窮的富翁；也有人說台灣是「最富裕的貧民區」(the richest slum area)，更有人說：台灣好醜，不是因為窮，而是沒品味。二〇〇二年國科會發表永續台灣的願景與策略白皮書，指出「賺得全世界，卻失去台灣」，「窮得只剩下有錢」，是過去台灣經驗的寫照。我們能不汗顏嗎？

◎ 台灣是精神貧瘠之島

　　大戰後國民黨政府佔領台灣，雖然稱呼我們為同胞，但卻把台灣腐化了，以致守法精神喪失，沒有自律，只有他律，既無慈悲之心，也缺乏社會公德，成為一個「只要我喜歡，有什麼不可以」的利己主義社會，造成邁向公民社會進程的阻礙。

　　就拿開車文化來看，在美國是車讓人，在台灣是人讓車，結果還是人的問題。有一個移民美國的朋友告訴我親看的一個故事：有一次他在洛杉磯的小台北(Little Taipei)看到一群孩童在玩球，一個不小心把球踢到馬路上，想要撿球，開車路過的台灣人都沒停車，後來一個美國人開到這裡，隨即停車指揮擋下所有過往的車輛，讓孩子們把球撿回去。這與交通規則無關，反而是與國民性格有關，我真感慨為什麼台灣人連這麼一點小善都不願意做？

　　也有一次，是我卸任市長後，晚上自己開車經過一條只容一部車的巷道，有個路人看到車來也不讓路，我搖下車窗拜託他靠邊走，結果換來了一句：「你急什麼嘛！」難怪有人說，要改造國民性格，只要先將交通守法的問題解決，社會改造的工程便已成功一半了。

　　也許大家都還記得二○○二年五月在澎湖的華航空難，現場一片狼籍，慘不忍睹，電視盡是家屬淒厲號哭的鏡頭，有的媒體記者竟然還站在SNG的車前冒失地問喪家的心情如何？這是哪門子的新聞採訪，讓喪家情何以堪。

此外，空難後由海中打撈上岸身分不明的罹難者遺體，航空公司竟要求家屬逐具指認，無異是對家屬無理且殘忍的要求，在場協助善後的慈濟人甚覺不妥，因此採用分組方式，先由每組的義工根據家屬的描述，找出特徵後再請家屬確認，既有效率又十分體貼，整個過程流露出惻隱和悲憫之心，見之令人動容。

即便是日常生活當中，也是到處充斥著低俗的社會文化。例如電視新聞，多的是車禍、兇殺、火燒、災難、股票、樂透、緋聞、靈異、竊盜、強姦或販毒的報導。此外像大胃王比賽，本來飲食是為了美味及健康，竟然會被拿來拚食量及速度的宣傳活動；而連男女私下秘密的親暱接吻，也拿來「計時」公開比賽；「三八」婦女節竟然比賽在三十八秒鐘內誰穿最多件內衣；一個中年人到百貨公司偷竊女人內衣被抓到，竟然也成為全國新聞。事實上，這些事每一個社會都會發生，但值得變成全國性的焦點新聞嗎？長年累月如此，令人對這些煽情色腥的新聞深惡痛絕，卻又如影隨形揮之不去，干擾我們的生活。單看這些新聞報導，難怪外國人覺得台灣人似乎生活在墮落、悲慘的世界一樣。至於電視綜藝節目浮濫粗俗，毫無創意及新鮮感可言；而新聞性Call in談話節目，永遠就是那些老面孔，搞些不負責任的半吊子分析，再加上各說各話的大打口水戰，「弄狗相咬」，真是倒盡胃口，這就是我們的社會文化即景。難怪媒體被民眾視為社會亂源之一。

　　反觀西方的媒體，不只考量商業利益，更考慮新聞倫理、社會價值、國家利益等等，扮演社會公器、公共服務應有的角色；它一直非常重視社會公益和人道關懷。有一次電視報導在舊金山灣有一隻鯨魚受困於海灣，立即成為全國的熱門新聞，Humphrey Story足足追蹤報導了一個多月之久，海洋專家、愛護動物環保人士、公益慈善團體全部動員，事後有人問CBS的記者Dan Rather，為了一隻鯨魚值不值得這樣勞師動眾的大肆報導？他說：當然值得，因為我們可以教育社會大眾。

　　總而言之，當前的台灣社會文化，攤開在我們眼前的是生活品質低劣，互信基礎薄弱，既欠缺愛心，也無公德心。在政治文化上，則是民主素養不夠，更糟糕的是為了選舉而製造族群對立。

◎ 有治國之術，無治國之道

　　其實在台灣鄉下，民風還是相當淳樸。問題大部分都是出在政治人物身上。所以，真正的改革需從政治文化著手。今天在台灣政壇，能描繪願景，有國際視野，堅持理想，樹立風範的政治家，可說絕無僅有，是稀有動物；倒是政客充斥，不分黨派，其最大本事就是作秀、一切為選舉考量，搞短線操作，光說不練、口是心非，製造政治八卦、超貸、包工程，無所不用其極，是麻煩製造者，也是危機製造者。像這款人，在西方根本很難見容於社會。但

在台灣卻成了政治明星，往往還能高票當選。譬如朱高正的名言：「政治是最高明的騙術」，此言一出，他還是照樣當選，要是在西方講這種話，一定被選民唾棄。

　　二〇〇〇年總統大選流傳一句話，叫做「連皮宋骨扁心」。這是相當莫名其妙的政治生態，暴露了政治人物的人格扭曲，竟連自己的政黨取向都能隨時見風轉舵，一下子是國民黨，忽然又變成親民黨，甚至也可以投向民進黨，人格扭曲到這種地步，投機取巧到這種程度，不敢說清楚，講明白，台灣的政黨政治還能有什麼作為？

　　我在一九九四年受人鼓勵競選民進黨黨主席，依照黨章規定，中常委是當然的黨主席候選人，而中常委又是由中執委互選產生。在中執委選舉中，我掌握三十多位黨代表的票，之後我分配了十二票，結果跑票，只拿了七票，以一票之差飲恨。當時估算大概八票就能當選中執委，所以我還把最可靠的鐵票撥出給另二位要選我當中常委的中執委候選人，因為我自以為，答應我的可能比較不會跑票，豈知我竟以一票敗北，也就失去競選資格。在我遭滑鐵盧之後，魚夫在《自立晚報》的政治漫畫給我上了一課，原來台灣政治文化就是：Yes不等於是；No不等於不是。我也在記者會自我解嘲，台灣的算術真是太艱深了，一加一竟然不等於二，雖然我在中學時代是數學大王，結果回到台灣卻在算術上栽了一個大跟斗。後來參加立委的黨內初選提名，有八十七張幹部票答應投給我，當我告訴

我太太時，被她罵了一頓，我也學乖了，不敢全算上，猜想有把握的大概在三十八票至四十五票之間，結果開出四十二票，太太笑說我的算術大有進步。

後來我聽到一個更荒唐的選舉鬧劇。有抓賄大王之稱的台中縣黨部主委蔡百修在參加黨內提名不分區國代時，當時估計十八票即可入圍安全名單，投票前每個支持他的人都保證自己的一票是鐵票，結果他掌握的二十四票在開票後卻讓他抱了一個大鴨蛋──全部跑票。那些聲稱會投他一票的人，暗忖反正有人會投，只要有人投了，那麼自己的一票沒投還是可以抵賴。詎知每個人都這麼盤算，於是二十四票全跑光光，連查也不用查，抓賄大王除了傻眼還能說什麼。

不僅地方選舉如此，就連立法院長選舉也是公然違法亮票。一九九六年施明德與劉松藩競選立法院長時，由於競爭激烈，民進黨團內部決議亮票，以示決心，但卻做了很壞的示範。當時民進黨籍的立法委員，只有李應元與張晉城二人堅拒不亮票，結果兩人都受黨內的強力批評與抹黑，甚至有人暗指他們收受政治賄賂；而在同時，新黨的謝啟大立法委員也沒有亮票，卻受到新黨的大力讚揚。（不過後來法官出身的謝啟大在指稱李前總統夫人曾文惠攜帶美金赴美的官司敗訴後，卻滯留北京開起咖啡店，拒絕接受審判結果，這是政治人物踐踏台灣司法尊嚴最大的負面示範，令人無法認同）當拉票、換票、配票、買票、騙票、亮票成為台灣選舉的常

態，只要這些醜態一天不除，那麼台灣選舉所標榜的「選賢與能」，永遠只是自欺欺人的口號罷了。

「理性」、「法治」是民主的基本要件；台灣的政治文化，不但民主素養不足，缺乏「願賭服輸」的精神，而且只有立場，不問是非；只有黨派，不問黑白；只有利益，不問原則；缺少理性溝通、和而不同(Diversity in Unity)的文化。美國參議院民主黨領袖曾對攻打伊拉克持保留態度，但決議通過後，還說過：「這個時候，國會單一的聲音很重要。」反過來，看看我國的在野黨，不但用抵制的方法，讓好的理念和政策無法推動；甚至跑到國外，唱衰台灣，去講那些詆毀自己國家尊嚴的話，這是何等強烈的對照。此外，另一個例子，就是加拿大與魁北克、美國與波多黎各的關係。每隔幾年，魁北克就要舉辦一次公投，決定是否要獨立，這期間，加拿大政府從來沒有出兵演習，也沒有威脅要武力犯「魁」；相反地，加拿大政府不斷地檢討與魁北克的關係，尊重魁北克的特殊性，以吸引它留下來。波多黎各是美國的殖民地，「波獨」曾盛極一時，美國也從沒鎮壓。最近「波獨」式微，很多波多黎各人主張公投加入美國聯邦，美國政府說，波多黎各要獨立，請便，可以自己公投決定；但是要加入美國成為第五十一州，還要看我肯不肯，需要美國國會的同意。這才是民主的真諦。反觀台灣在面對統獨與國家認同時，對岸的中國，無法擺脫大中國的封建思維，堅持一中

原則，不但不尊重台灣人民的意願，封殺台灣在國際社會的生存空間，更以文攻、武嚇、經略對付台灣人民；島內的統派人士，更以他們的意識型態，阻止最沒有意識型態的公民投票立法，不讓台灣人民，在民主、理性、和平的原則下，選擇自己的前途；兩相比較，這又是何等的諷刺。由此以觀，台灣民主的發展，尚在學習的階段，還有一段很長的路要走，我們沒有資格喊爽說我們已經打造了政治奇蹟。

◎ 民主的真諦

　　民主，不只是一種政治體制，其實更是一種生活方式。現階段台灣的政治改革，可分為軟體和硬體兩方面。硬體架構方面，應規劃出大小選區，推動單一選區兩票制，並合理的訂定不分區代表的比例。當然也應清楚地確立是總統制或內閣制等等典章制度與法令規章。

　　軟體素養方面，即是培養民主的涵養，讓民主不要淪為口號，而是讓民主真正的消化，落實於整個社會，潛移默化於社會大眾，如此我們才配稱得上有民主文化，有民主內涵和民主素養。固然從事政治改革，不是一件容易的事，不過經驗告訴我們，硬體可以抄襲，可以進口，但軟體卻不能進口，只能靠自己的實際需要去培養。這絕非囫圇吞棗，一蹴可及，而是要腳踏實地的長時間培養才能奏功。

　　簡單說，民主政治就是民主制度的架構加上民主風度
——素養、文化、精神、品質——有以致之。而民主制度
的架構是建立在公平選舉、司法獨立、文官制度（例如軍
隊國家化）和公正媒體第四權等四大支柱上，缺一不可。
當前台灣社會，將民主簡化為各項選舉的投票行為，充
其量那只是程序民主而已，何況還充斥著買票、賄賂、
暴力、黑金。

　　至於民主風度，就是理性討論與互相尊重的文化。
換句話說，就是把民主素養、民主精神內化成為我們生活
的一部分，落實在待人處事的日常生活中，做到人與人之
間相互尊重，理性溝通，尊重法律。「服從多數、尊重少
數」、「我雖然不同意你的意見，但會誓死捍衛你發言的
權利」，這些話人人會講，但是會「感悟覺知」，真正落
實在日常生活中的人很少。所以我常說：「民主與自由是
一件容易吞下去，但卻很難消化的東西。」李前總統登輝
先生在最近的談話中，也認為台灣政治制度的改革只是小
事，台灣文化與國民性格的改造才是大事。

　　希臘哲學家蘇格拉底教誨後人：「我到處走動，沒有
做別的，只是要求你們不分老少，不要只顧你們的肉體，
而是要顧全保護你們的靈魂。」我之所以引用哲人的這句
話，無非就是要指陳當前台灣最嚴重的社會生態問題，便
是整個社會的精神心靈污染。因此台灣及時進行一場文化
的、道德的、心靈的大改造運動，將更甚於表面的政治大

改革。畢竟政治清明還是有賴於精神、心靈的覺醒，所以
二十一世紀的台灣心靈維新運動勢在必行。

〔第六章〕
台灣新文化與新價值觀

　　我們看到文明國家把文化放到極大，而把政治縮到最小。因為政治是必要之惡，不能沒有，而文化則是必要之善，不可缺乏。從這樣的標準來審視台灣的現狀，我們必須承認在文化上，台灣還是一個不甚文明的開發中國家。因此，我們要打開文化視野，要建立以台灣為主體，以人文為本位的新價值觀；並且先從三個目標奠基：即建立台灣文化的主體性；促進優質的台灣新文化的發展，以及建立一個具有文化深度和廣度的人性化優質社會。

　　直到現在，大多數的台灣人，還認為文化或藝術是屬於裝飾性、欣賞性、包裝性、宣傳性的事物，是奢侈品，可有可無。甚至認為對經濟發展而言，都是只會花錢而不能賺錢的東西，忽略了文化、藝術的寶貴。在巴黎、京都這些地方，觀光客不是去看工業經濟發展，也不是去觀摩政治制度，而是去觀賞他們的自然環境，地方特色，文物古蹟，都市建築美學，文化藝術活動，或是教堂、寺廟的民俗節慶。這些文化不但提升都會城市的形象和地位，同

時也帶來經濟活動和文化產業的勃興。若沒有這些活動，巴黎的就業機會恐怕就要減少一大半。值得欣慰的是，最近文建會提出的「文化創意產業發展計劃」，終於正視文化政策也可以具有高度的經濟發展性。

現在正是二十一世紀的開端。舊的世紀落幕，新的世紀接續登場，當然帶給世人無限的憧憬和希望。就台灣的國家發展而言，它的跨世紀願景便是政治民主化（民主政治）、經濟自由化（自由經濟）、社會多元化（公民社會）。如此一來，我們才能和新世紀的世界潮流──經濟維新、政治維新、心靈改造的文化維新──接軌。

台灣以往的發展過程，先是自吹自擂的經濟奇蹟，卻是有量無質；然後是政治民主，也是光有架構，而沒內涵，算不上是政治奇蹟。為了彌補上述的缺憾，我們需要加強文化建設，用以提升生活品質，豐富生活內涵，提高人民的素質，產生真正的新台灣人。

◎ 推動文化建設的一些建議

所謂建立台灣新文化，並不是要全部剷除舊的文化，而是「融新匯舊」，去蕪存菁，同時也要創新，既有本土，也有國際。換句話說，就是讓世界的進步價值和進步文明，本土化、台灣化。

文化建設的開宗明義，就是先要有虛心學習、虛心求教的態度，摒棄自負托大，孤芳自賞，自我陶醉的心態。

日本人常說世界都是我的教室，我們也應見賢思齊，學習日本人那種謙卑為懷，接受優質文化的雅量，才能使台灣新文化既有深度，也有廣度。

　　既要推動文化建設，就必須具有發展台灣成為「文化國家」的文化視野。除了「經濟指標」之外，更應該重視「社會指標」和「文化指標」的品質，政府應該為文化提供最大的發展空間，讓政治為文化服務，讓文化為經濟加值。

　　此外，加速以台灣為主體的教育改革，讓住在台灣的人，認識台灣，關懷台灣，熱愛台灣，形成真正的生命共同體。法國大文豪暨思想家盧梭說：「教育的目的就是要把『人』教育成為『人』。」所以我們更要推動「人文思想」教育，使人能過著真正是「人」的生活。如此台灣人才能轉化成有良知理性，有公德文明的新台灣人。

　　我也期盼有德望的宗教家，本著宗教家的使命感，發揮宗教家慈悲、寬容、博愛的情操，由下而上，積極全面推動心靈改革及社會改造，提昇人的品質。更進一步以「甘地」的「尊重」、「理解」、「接受」、「欣賞」的精神，來了解、包容各族群的歷史經驗、文化背景，促進族群和諧，建構獨特的多元文化，重建祥和的社會。南非圖圖主教(Bishop Desmond M. Tutu, 1931-)組織「真相與和解委員會」，透過溝通、道歉和寬恕、帶動族群和平運動，化解了可能爆發的族群衝突，因而獲得一九八四年的諾貝爾和

平獎；最近剛經由公投自決而獲得獨立的東帝汶貝洛主教(Bishop Carlos Ximenes Belo, 1948-)，也因為持續不斷自我犧牲，關懷受壓迫人民而獲得一九九六年的和平獎。他們兩位的獲獎，除了顯示宗教的力量之外，更說明了宗教無法自外於社會改造的過程。

至於政治人物，雖然社會大眾已經不敢奢望他們能起帶頭作用，做好的典範，只求他們不做壞的榜樣就已經不錯了。不過我仍然要引用紐約洛克斐勒中心紀念碑上一段發人深省的名言：「我相信每一種權力，暗示著一種責任；每一個機會，暗示著一項義務；每一種所有權，暗示著一份應盡的本分。」與大家共同勉勵。我期許台灣的政治人物，能深切體會權力與責任的相對性。

文化建設是一項永續發展的大工程，所以需要一步一腳印的經之營之，不能好高騖遠，也不能炒短線，而是務實的先從短期目標做起，例如在生活上要求乾淨、整潔、誠實、守秩序、積極推動母語普遍化等等。

◎ 新加坡的文藝復興城計劃

就以新加坡為例，我們都會稱讚新加坡是一個花園城市，市容乾淨、整潔，一切都條理井然。不過，它卻也給人一種「呆板、單調」的印象，並且被譏為文化沙漠。不過近十年來，新加坡變了，從一個強調機能與實用的國家，進一步追求生活的美感與品味。在公元二〇〇〇

年，新加坡政府更提出「文藝復興城報告」(Renaissance City Report)，宣示政府將積極由上而下、從硬體及軟體雙管齊下，改造人民心靈、提昇社會整體美感與文化活力，讓新加坡人成為具有創新精神、多元學習及人文素養的文藝復興人。除了耗資新台幣一百二十億元打造的海濱藝術中心等有形建設之外，無形的觀念與做法，更值得我們參考：

（I）追求城市品味

把城市當藝術品設計，政府興建國宅，不只是考量土地成本，讓住宅成為有效率火柴盒般的組屋建築；外表的色調、天際線、好視野與空間感，更是政府規劃的重點。不過更重要的是，政府的責任，應該規範城市的設計，強調整體城市建設的效果，絕不能讓個別的建築，各自為政。

（II）從生活環境改造提升民眾美感

譬如停車場上方，都會精心佈置一座空中花園；二〇〇一年開幕的兀蘭區域圖書館，設計新穎美觀、人性化，結合咖啡香與書香。在裡面，有人點了咖啡，討論起功課；也有人戴上五顏六色的耳機，聆聽流行音樂；有人則在暈黃的燈光下，慵懶地坐在沙發上看雜誌。此外也打破傳統，在購物中心裡面設置社區圖書館，完全融入民眾生活。這種重視設計、增加親切感，吸引民眾與學生的結果，讓新加坡圖書館的借書量，五年內由一千五百萬本增

加至二千五百萬本。

（III）讓藝術走進社區民眾的生活

政府增加預算補助藝術團體，進駐社區中心，創造一個平民化的藝術環境，讓藝術主動接近民眾、讓人民有更多的機會接觸藝術活動，培養人民對藝術的了解與鑑賞能力。

（IV）推動「藝術教育計畫」(AEP)

讓藝術向下扎根，從中小學校內落實，為了讓學生沉浸在藝術環境裡，政府挹注AEP(Arts Education Program)每一次活動的六十％經費，讓學校邀請藝術團體到校演出，也鼓勵學生參加校外各項藝文活動，甚至有藝術家進駐校園，成為校內專職的藝術老師。同時更開放校內的表演空間，讓儲藏室變成藝術管理中心，空地搭起露天舞台，禮堂成為芭蕾舞劇場，走廊變成畫廊等等。藝術家進駐校園與社區的行動，打破了接近藝術必須到華麗的音樂廳、美術館的舊思維，使新加坡朝藝術生活化、生活藝術化的境界，向前邁進一大步。

（V）政府栽培藝術家，以提昇民眾生活品味

新加坡政府不僅談理想，更進一步解決藝術家普遍的生活問題，新加坡政府提出「藝術之家計畫」(Art Housing Scheme)，將廢棄的倉庫、閣樓或商店，改裝成藝術家或藝術團體的落腳處，補助房屋租金。這項計畫也獲得私人企業的支持，私人企業甚至提供企業內的閒置空間，做為藝

術表演使用。

　　因為政府、民間企業與藝術團體有共同的理念，新加坡才能在短短十年內把藝術水源注入文化沙漠，讓文藝復興城的雛形得以誕生，這種努力值得台灣的借鏡。

◎ 結語：在大轉型中，建立台灣新文化

　　新世紀的台灣，正面臨了一個大轉型(Great Transformation)的時代，這不是國民所得的量增，也不是民主政治的型式發展，而是在於生活、文化及社會層面的質變。只有將經濟發展和政治民主化的經營，轉化為提高生活品質及豐富的生活內涵，進而促進文化、藝術、思想的提升，「台灣文明」或「台灣文化」才有可能建立，而「台灣人的尊嚴」也才能隨之而來。唯有如此，台灣的社會才會是一個高貴、樸實，富而有禮，有文明，有文化，有「尊嚴」的社會，台灣人才是真正的文明人，台灣才是真正的現代文明國家。

【附錄一】
建國運動的終極關懷

　　三年前，我在大家的協助下，終於突破黑名單禁錮，走出台灣政治的歷史監牢，再度擁抱闊別多年的台灣社會，多年的宿願終於得償，心中的歡喜自然是不可言喻。

　　然而，三年來我重新感受台灣社會的脈動，心情卻是十分複雜，可以用憂喜參半來形容。

　　做為一個台灣的建國運動者，我不禁自問：我對台灣終極的關懷是什麼？

　　長期以來，無論是島內或者是海外的「台灣人運動」，大部分都是把焦點對準台灣人所受的種種政治壓迫，經過三十多年的打拚，也的確創造了一個政治架構全然不同的台灣社會，台灣人在政治上享受前所未有的自由和民主，潛藏在社會的種種力量，一時之間被完全解放。這些力量的解放，使得社會活潑充滿生機，但是卻也帶來很多脫序的亂象，甚至很多價值觀也混亂起來，這才使我恍然大悟：台灣人運動的終極目標，應該是一個確立台灣

立國價值觀的文化運動。

　　解嚴以來，台灣研究變成主流，但是解讀台灣歷史的方式卻是莫衷一是，有人主張虛幻的「新中原」，有人抱殘守缺地守住台灣的歷史悲情，就連一些喊著台灣新文化口號的人士，對台灣文化也只能用含糊的「本土化」略過，這對見證過台灣近代歷史的老一輩而言，是一種十分混亂的人生交代，他們不能確定自己所在的時空為何，也不清楚自己的子孫將走向何方，而生命已無情地步入最後的階段。

　　對於年方壯年的台灣中生代而言，社會民主、威權解構，本來應是給他們人生一個全新的承諾，但是威權體制殘存的黑金價值觀，卻使中生代在新台灣的理想和舊社會的現實中，失去實現人生承諾的著力點，不得不在妥協浮沉和移民出走的矛盾心情之下，大嘆苦悶。

　　而新生代的「新新人類」，一方面虛無地在日美外來文化的強勢衝擊之下，迫不急待地進行狂飆式的實驗，尋找立即的滿足，一方面又在社會變遷的過程中，成為政治人物爭相掌握的籌碼，剝奪了他們在狂飆滿足之後，進行深層省思的機會。

　　我雖然不是文化先知，但卻能體會台灣所處的文化危機，但更重要是要找出文化的生機，將危機化為轉機，這也正是為什麼我開始著手籌備「開創台灣文化基金會」，提出「台灣新新文化運動」的原因，我期待透過這個基

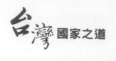

金會，結合台灣老、中、青的有心人，共同為苦悶的台灣人，找出一個新新文化的出路，為台灣的建國運動找出立國精神的所在。

（一九九五年十二月，「開創台灣文化基金會」創會宣言）

【附錄二】
重建一個人文的台灣理想國

有人看到已發生的事情，而問為什麼；
我卻常夢想未發生的事情，而問為什麼沒發生？

Some men see things as they are and say "why."
I dream things that never were and say "why not ?"

——羅勃・甘迺迪 (Robert F. Kennedy)

做為一個本土性的基金會——開創台灣文化基金會，
自一九九六年成立以來，始終如一地扮演著應有的角色：
舉辦世界台灣文學營、俄羅斯管弦樂團台灣民謠音樂會、
培訓台語文師資、社區英文班、海外台灣人運動回顧展、
投入社區改造工作等等，一如她的成立宗旨，以台灣為主
體，人文為本位，推動台灣本土文化。

與台灣各地無數個本土性基金會一樣，開創台灣文化
基金會，歷經多年來的努力，在二〇〇〇年的總統大選過
程中，終於見證，一個以台灣、以台灣人為主體的本土思
維，成為台灣社會的主流價值觀。

民主的果實，確實甜美；然而，甜美的滋味，卻如此短暫。這一、二年來，本土文化的議題，被八卦緋聞所淹沒；台灣民主的體制，被政黨惡鬥所取代。於是，權力競逐成為政治行為的最高指導原則，功利掛帥成為文化養成的唯一考量，在權力競逐與功利掛帥的盲從下，逐漸喪失民主精神與文化價值的台灣社會，到底要走向什麼樣的未來？

回到台灣已經十年了，十年來，我見證台灣社會的巨變與人情的冷暖，從黑名單的台獨領袖到司法弊案的階下囚。然而，不論在海外或是島內，支持我不斷前進的力量，既非名也非利，而是找尋台灣立國精神的堅定信念。面對台灣社會的沉淪、面對兩岸關係的險惡、面對國際競爭的挑戰，我不得不重新思索，開創台灣文化基金會的定位與功能：優質文化、人文關懷、國際交流、人才培育。

優質文化：推動台灣文化的優質化，結合區域特色發展本土文化，同時賦予傳統文化現代意義，讓台灣人民因了解而行動，讓本土文化因優質而傳承。

人文關懷：打破選舉考量的族群觀念，推動族群和諧運動，讓不同的聲音，充分對話；讓共同的情感，充分交流。以關懷台灣、認同台灣為精神，呼籲四大族群和平共處。

國際交流：透過國際間各友好基金會的協助，以「協

會外交」的交流方式，邀請國內外傑出人士互訪，突破台灣外交現狀的困境，提昇台灣在國際社會的能見度。

人才培育：目標的落實，有賴優質人才的養成。基金會將以教育中心自許，舉辦各類研習講座，培育並鼓勵優秀人才，參與投入各項社會改造工作。

台灣確實需要人才，特別是具有國際視野的專業人才，更是台灣面對全球化競爭最寶貴的資源。然而，專業人才如果缺乏厚實的人文素養，缺乏對土地的人文關懷，充其量只是一具會思考的電腦。有了這樣的人才，我們才能創造優質文化，共同打造一個台灣理想國。

我這樣期許開創台灣文化基金會，也期許台灣社會。

（2002年9月，「開創台灣文化基金會」轉型宣言）

第四部

台灣：舊的神話和新的現實

　　本文係作者在1987年10月14日接受美國國務院的正式邀請，以「台灣：舊的神話和新的現實」在「國務卿開放論壇」發表的演講文。

　　這次歷史性的邀晤，是美國官方與台灣獨立運動代表性人物的首次接觸，相當敏感，一般認為意義非比尋常，對台灣人來說，亦是另一項的突破。因此引起台灣當局和中國政府的關切與抗議，當時的國民黨政府還發動政界保守勢力份子，向國務院頻施壓力，要求取消對作者的邀請。

　　演講後，國務院官員在「國務卿專用餐廳」設宴款待並繼續討論美國對台政策。為尊重雙方事先約定，作者不便透露交談內容及美方參加官員的身份。

◎ 前言

從第二次世界大戰時期以來，台灣就給美國的決策者一項進退維谷的難題。自一九四九年至今，有兩個中國人政權，一個在北京，一個在台北。兩者都主張只有一個中國，而台灣本身是中國的一部分。這是有關台灣最為人所知的神話。同時，台灣本身有三個形象：神話式的台灣、真實的台灣和未來的台灣，後者包括台灣人追求台灣自由獨立的抱負。對台灣問題要做一個堅定而實際可行的政治性決策，必須破除神話，根據現實盤算，並站在台灣人大眾意願的這一邊。今天，台灣很多人在積極地討論台灣的未來和他們所希望的政府形式。

◎ 「中國的一部分」這個神話

所謂神話，就是把台灣當作中國的一部分，而有朝一日，在某種方式下被「再統一」。中華人民共和國及國民黨政權同意這一點，雖然他們幾乎在所有其他看法上有異議。他們大肆宣揚這個神話。可是不同意這項神話的台灣本地人的聲音，卻很少被聽到。儘管其他國家政府根據這項神話來擬訂外交政策，這項神話仍然是那麼荒謬、誤導。

在地理上，台灣與中國之間有一百英哩的海峽。台灣民族特性和認同是在過去數世紀中逐漸形成，在這段漫長的歷史中，台灣與中國之間的關係一直保持緊張和衝突。

從十七到十九世紀，荷蘭、西班牙、葡萄牙及滿清等政府，更迭地在台灣的各個地區行使統治權。最先從中國移民到台灣的人是為了逃避貧窮和壓迫，這是事實。而這些人沒有抱著為中國擴充版圖的想法，這也是事實。一八九五年以前，中國對台灣的興趣，頂多只能算是偶而的。一直到一八八七年中國才把台灣變成一省。但是，八年後，甲午戰敗，中國就把台灣永遠割讓給日本。所以，從一八九五年到一九四五年，台灣是日本的殖民地。在台灣歷史上，中國一直認為台灣是化外之地。所以一九三六年毛澤東在他與艾德格·史諾(Edgar Snow, 1905-1972)的對話中，沒有把台灣和朝鮮包括在所謂「失土」之中，他並允諾為朝鮮人及台灣人爭取獨立的鬥爭協力。一直到一九五〇年蔣介石在台灣成立一個敵對政權之前，中國從未對台灣感到興趣。

除了歷史方面外，台灣的法律地位仍屬未定。如各位所知，同盟國打敗日本，結束了日本在台灣五十年的殖民統治，卻未曾決定誰應承繼台灣的統治權。沒有任何一個戰後的條約把台灣指定給中國或任何其他國家。在產生定案之前，麥克阿瑟將軍授權蔣介石代表同盟國接管台灣。所以，就像耶魯大學法學院麥可·瑞斯曼(Michael Reisman)在他的論文〈誰擁有台灣：國際所有權狀的探尋〉中所強調，台灣既不屬於國民黨，也不屬於中國共產黨，而是屬於台灣人。

由於這種法律情勢，加拿大、義大利及其他許多國家承認中華人民共和國時，頂多不過是「注意到」(take note of)北京政權對台灣的領土主張。

◎「自由中國」這個神話

國民黨聲稱台灣是「自由中國」，是把兩項神話併在一起，就像我前面所討論的，台灣絕對不是中國，台灣也不自由。

把經歷了將近四十年戒嚴令的台灣說成是一個民主國家，是一項荒謬的詐欺，目前的狀況也沒什麼改善。雖然戒嚴令已正式解除，國家安全法除了名稱之外，就是戒嚴法。有一位反對黨領袖說國安法只是「新瓶裝舊酒」，台灣在戒嚴法統治下的時間比韓國或菲律賓都長。要說明自由中國是如何不自由，我們可以做　些其他的比較。

菲律賓和韓國都曾經好幾次全面大赦政治犯。過去一年半來，台灣三三兩兩地釋放了八十多位政治犯，卻從沒有全面大赦過。許多長期的良心犯仍然受囚。有些人從一九五〇年代初期被監禁到現在。

韓國和菲律賓的國會都曾全面改選。在台灣，蔣政權仍然主張它是中國和台灣的合法政府。所以，四十年前在中國選出的國會議員，原來是任期三年或六年，結果從一九四九年當到現在。佔有八六％人口的台灣人只能選舉十三％的國會代表，無法制訂國策。由於大陸人政客的平均

年齡超過八十歲，並且死亡率加速，這場情勢變得一年比一年荒唐無理。

在人權問題方面，政治侵犯人權、酷刑和謀殺，長久以來台灣比韓國或菲律賓更有一貫性、更囂張、影響更深遠。國民黨的手臂甚至伸展到美國的海岸。在此，我只須要提起兩個明顯的例子：劉宜良在加利福尼亞州被謀殺，匹茨堡卡內基美隆大學的陳文成教授在訪台期間被謀殺。

當韓國和菲律賓解除戒嚴令時，海外的反對者被允許回鄉，誠然他們冒著被捕的危險。而國民黨把一萬三千多位台灣人列入黑名單，拒絕發簽證給這些具有中華民國或美國籍的台灣人。甚至對那些表示如被認為有罪願意被捕的人，也是如此對待。

馬可仕和南韓政權可能不那麼受支持，但是他們至少是當地產生的政權。台灣則和南非比較類似，因為國民黨其實是外來的少數者，與台灣鄉土幾乎沒有關連。

最後，台灣處在比菲律賓和南韓更複雜的情勢，因為今天台灣的主要政治問題不只是民主政府和尊重人權的問題，還有台灣的國際地位問題和台灣居民不受外力脅迫的自由選擇權之問題。

◎ 台灣的現實

現在我們看現實。有關台灣最明顯的事實是：過去

四十年來，台灣是以個別政治實體存在，獨立於中國大陸之外。把這個事實上的狀況變成法律上的狀況，只須要一個簡單的步驟——承認台灣人民自決的權利。很清楚地，台灣是一個能存在的獨立政治實體。台灣有一千九百萬人口，比聯合國三分之二的會員國多。根據「美國傳統基金會」一九八二年的一項調查，在美國公民的抽樣中，有八四·二％認為台灣應被當作一個獨立的國家，這項調查清楚的顯示出大多數的美國人不認為台灣是中國的一部分。

經濟上，台灣也是一個能存在的實體。台灣是世界經濟中的一個要角。她與一百多個國家有雙邊貿易關係。台灣是美國第五大貿易夥伴，也是美國農產品的一個主要市場。台灣內部經濟繁榮，一九八六年國民平均所得是三千六百三十美元，是中國人平均所得的十倍以上。

地理上，台灣的重要性一向受重視。台灣跨坐在一條重要和有戰略性的水路上，韓國、日本和菲律賓也都是美國在太平洋的戰略盟友。一個自由獨立的台灣會增添這個太平洋地區的安全，其理至明。

然而，台灣最重要的現實是台灣人民。人們的能力和潛力確實是台灣最充裕的資產。台灣人相信，以我們對世事的通曉和所獲致的經濟、社會發展，我們有能力把台灣建設成「亞洲的瑞士」。

◎ 台灣人的抱負

在台灣實施一項公正自由的全民投票，是唯一確切的辦法來證實很多人多年來一貫的說法：如果讓台灣人民在一項自由誠實的投票中選擇，絕大多數的台灣人會選擇獨立。一九五九年，康隆(Conlon)報告中說：「台灣人民本身作了相當程度表示，希望繼續和中國分離，這可由公民投票測知是否確實。」尼克森、周恩來會談，發表上海公報之後不久，哈佛大學的賴嘯爾(Reischauer)教授評論說：「以我們所能做最好的判斷，大多數的台灣人似乎企求一個與中國分離的台灣和一個他們自己控制的政府。」威廉‧比勒(William Bueler)先生過去任職於美國中央情報局，他於一九六四至一九六八年間在台灣服務。尼、周上海公報發表後不久，他接受《紐約時報》訪問時說：「幾乎所有具有政治覺醒的台灣人，都想從控制該島的國民黨和要求該島的中共獨立出來。」多年來，其他許多中國問題專家都同意這項觀點。

台灣當地人對台灣獨立的支持，不是到最近才變得明顯。一九七一年台灣歷史最悠久、最大的基督教會──台灣長老教會勇敢地為所有台灣居民的自決權發言。一九七七年，他們更進一步要求國民黨「面對現實，並採取有效措施，使台灣成為一個新而獨立的國家」。就在去年，一個反對黨──民主進步黨不顧戒嚴法的限制而宣告成立，他們政綱的第一條採用「台灣前途由全體住民共同決定」

。最近台灣島內的發展顯示，大眾對台灣獨立支持正在擴大。人們敢於公開談論台灣的未來，很多訪問台灣的人都說，有關獨立和自決的言論出現的頻率增加了。在這裡，我列舉幾則密集出現且較為顯著的發展：

—— 一九八七年八月三十日，一群曾為政治犯的人組成了「台灣政治受難者聯誼總會」。「台灣應該獨立」被列為他們三項基本共識之一，成立時有二百多人加入。十月十二日，該會的兩位領導人物因鼓吹獨立而以叛亂罪名被捕。

—— 一九八七年八月十五日，曾任立法委員的黃信介先生，經過七年的監禁後才被釋不久，他在《自由時代》週刊中，被引述說：「事實上台灣已經獨立了。」《自由時代》是在台灣出版的一本銷路很廣闊的反對性刊物。

—— 一九八七年八月一日，《自由時代》中的一篇文章〈誰在台灣主張台灣獨立？〉說：「儘管十之八九私下都贊成台灣獨立，但在公共場合卻只有極少數的人敢於主張。」

—— 一九八七年七月十八日，國際筆會的在台分會，台灣筆會聲明，主張台獨不是反對外省人。

　　—— 一九八七年六月九日，一位民主進步黨的年輕黨員江蓋世先生，帶領了一群人在台北街頭舉行靜坐及遊行，他們撐著「台灣人民有主張台灣獨立的自由」的大旗，在政府機構和市中心演講示威。兩天後，他們到蔣經國居住的市鎮遊行，甚至到他的住所前示威。然後環島在各大城市示威。在台南時，他們到我的舊居和一位已故的獨立運動領袖王育德教授的住所致敬。

　　—— 一九八七年四月二十四日，我接受《自由時代》以台灣未來為題的訪問。這篇文章的題目是〈把台灣建設成亞洲的瑞士〉。這期雜誌在台灣廣為流傳並受到稱讚。

　　以下是幾則值得注意的公開言論：

　　——「我一定要投台獨一票。」《自由時代》發行人鄭南榕於一九八七年四月十八日，在一場反對國家安全法演講會中說。其後在數十場演說中，鄭氏都重複這句話。他是在台大陸人的第二代。

　　——「我們只有一條活路，為了擺脫中共武力進攻台灣以達到它統治台灣的目的，我們應把台灣問題提昇

為國際問題。台灣獨立萬歲！」田孟淑女士，一九八七年六月十一日在台北市議會、行政院及國民黨中央黨部前示威演說。

——「一九七七年的人權宣言就是台灣獨立，是整個教會的主張。主張台灣獨立是奠基於長老教會的人權宣言之上。」台灣長老教會許天賢牧師說。

——「如果大多數台灣住民要獨立，就獨立。主張台灣獨立並沒有錯。」人權律師李勝雄說。

——「台灣人民，不論早來晚來，不分本省、外省，一律平等。」作家黃華說。黃氏曾因從事反對活動，前後被監禁二十年。

——「我希望海內外台灣人，心連心、手牽手，共同打拚，早日達成獨立建國的目標。」前政治犯林樹枝在一九八七年七月美南夏令會的演講，獲得全體聽眾起立鼓掌。

——「在民主與自由的基礎上，在台灣建立新而獨立的國家。」一九八七年七月美東夏令會大會聲明。

　　——「獨立是台灣住民最有利的選擇。」一九八七年五月九日《自由時代》社論。

　　——「我也是台灣人。」蔣經國對十二位受他邀請的台灣老人的談話。在此之前，他拒絕會晤民主進步黨的十一位國大代表。

　　——「關於我們的反共國策，我們不是要取代中共政權。我們只是要鼓勵大陸同胞為了民主自由，推翻中共政權。」國民黨秘書長李煥於一九八七年八月對黨幹部的演說。

　　上列的例子顯示了台灣內部的一個新而改變中的情勢。過去任何主張獨立或者提起「自決」的人，都冒著立即被捕下獄的危險。跟著來的是受軍事審判而定罪。當然，中華人民共和國和國民黨，公開上仍然反對自決或獨立的思想。因為他們知道大眾投票的結果是什麼。在這種國共雙方反對的情勢下，台灣越來越敢公然主張台灣獨立。這種表現，是具有明顯的政治意義。台灣所致力以求的是與經濟獨立相稱的政治獨立，並且要造成一個既成事實的自由台灣與北京政府對抗。所以，這時是外界積極支持公開討論台灣前途的成熟時機。

◎ 對美國一般政策的建言

鑑於上述的分析，並展望台灣未來，美國政策的態度和方向應該如何呢？

一九七九年的台灣關係法案，撤消對中華民國的承認，對建立自由而獨立的台灣清道工作有所助益。由於該法案宣稱任何國家企圖以非和平的方法決定台灣前途，是對西太平洋地區的和平及安全的威脅，而這是美國「嚴重關切」的事，美國實際上是警告中國不要以武力侵台，從而助成了有利台灣獨立的環境。雖然台灣關係法承認中國只有一個，它並沒有把美國對台灣前途的立場做任何限定。一九七九年台灣關係法成立後，美國對維持與台灣經濟及其他方面的關係所做的安排，為今後繼續與獨立政治實體的台灣維持類似關係奠定了基礎。如果堅持人民自決的原則，台灣獨立幾乎是篤定的結局。

我們也能從容的申論，由於美國與台灣人民的長期關係，美國在謀求合理解決台灣問題上，負有道義責任。

第二次世界大戰時，美國在台灣大量空投傳單，鼓勵台灣人相信民主，並保證戰後帶給台灣自由民主。結果他們把蔣介石和戒嚴法扔到台灣。這種大戰後的「解放」，使得一位競選地方公職的女性候選人歎息說：「在我們頭上投兩顆像日本那樣的原子彈所造成的傷害，可能比投一個蔣介石輕微。」

在一九五〇及六〇年代，美國經歷了一段恐共症時

期。冷戰和越戰是圍堵中國的政策的一部分。蔣介石舉著反共的大旗，而受到美國支持，繼續統治台灣。他得到數十億美元的支援。事實上，他沒有把這筆援助用來對抗所謂大陸上的敵人，而主要用來鎮壓當地的反抗勢力──台灣人民。此外，十億美元的經濟援助在台灣「經濟奇蹟」的締造上，扮演了重要角色。經援也助長了蔣政權的某種程度的安定性。

由於美國與台灣近代史有密切的關連，台灣人也認為美國會繼續扮演一個積極的角色，無論台灣有什麼發展，人們會把大部分後果歸結在美國外交政策上。台灣人民長久以來欽慕美國式的民主，在長年的戒嚴令下，他們期盼有機會實行真正的民主。如果美國要在台灣前途上扮演一個建設性的角色，她必須記取雙方人民長遠的歷史關係，以及這歷史關係造成的道義責任。

最後，從美國國家利益的觀點來看，美國應該和中國維持關係。但是美國也應該基於她本身的最佳利益來決定她的台灣政策，無論中國的想法如何。

以一個太平洋國家的身分，建立及維護該地區的公共秩序，使之呈現多元狀態，是符合美國利益的。這種公共秩序的要素之一是，台灣繼續做為太平洋非共聯盟中的一員。必然地，一個自由獨立的台灣人民會更可能、更熱衷於抵抗任何中國武力侵台的企圖。

就地理上和戰略性而言，一個自由獨立的台灣在西太

平洋充任緩衝國，顯然不僅對美國有利，對該地區其他國家如日本、韓國、菲律賓等國家也同樣有利。

台灣有一個和平穩定的政治環境也能確保提供給美國在台經濟利益和投資的一個公正安全的環境。正如羅伯特・史卡拉彼諾(Robert Scalapino)教授所說：「台灣人民自決是一項使我們的價值系統和國家利益一致的義舉。」

因此，我想對美國的一般性政策，提出下列忠告：

首先，與其繼續跟過去神話式的台灣交往，勿寧接受台灣這個實質上獨立的現實，並依現實行事。

第二，向有關各方面表明，台灣前途必須由島上的多數意願決定。美國應表明她反對任何未獲台灣人同意或外來強施的解決方案。

第三，主張台灣民主，堅持自由結社、言論自由及自由普選，以確保民主的實現。

◎ 美國應採取的具體措施

為了實現上述的目標，美國現時應採取那些可行的具體措施呢？我願意提供下列建議：

（I）停止對台軍售。售賣武器給國民黨，對台灣的防禦無效，卻造成美國支持國民黨政權的印象，從而使它的統治「合法化」。在停止軍售的同時，維護台灣關係法中對台灣安全的承諾，則美國可顯示她是站在台灣人民這一邊，而不是袒護國民黨，必須明示的是，唯有

在台灣舉行普選，產生一個真正有代表性的政府之後，軍售才能恢復。

（II）**公開要求台北政權允許人民公開坦誠討論台灣前途**。為了促進結社、言論、新聞等自由，美國應考慮使用像對波蘭那樣的經濟制裁。

（III）**維護台裔美國人及海外台灣人訪台或返台定居的權利**。如果國民黨不同意，美國應考慮限制北美事務協調會的特權及國民黨官員旅美活動。

◎ 結語

美國之承認中華人民共和國，是一項必要而正確的舉動。此舉撤消了過去美國所認可的，國民黨主張它是中國合法政府的說法。但是在上海公報和其後的幾個聲明中，「台灣人」一詞被忽略，或與中國、國民黨互換使用。台灣關係法是明確提起台灣人民的第一份正式文件。正視現時台灣內部的變遷、重新評估事實及開始為未來美台關係奠基，現在正是時候。既如我所申論，支持台灣獨立是符合美國的利益，所以美國應該運用她對國民黨的影響力，助成一個真正民主化的環境，使人民能行使他們的自決權。

我相信這個政策在法律上合乎道理，在道義上完美無疵，同時也有助於美國和台灣人民的共同利益。

第五部

台灣建國藍圖：建設東方瑞士

　　獨立建國運動的目標，不但在國際上要變成一個獨立自主的國家，同時在國內還要建立一個政治民主化、經濟福祉化、文化優質化的幸福社會。從另一個角度來看，獨立建國運動不但要講求「拆厝」的策略，同時要提出「起厝」的藍圖。

　　世界「台灣獨立聯盟」在1970年成立之時，提出「獨立建國」這四字簡明有力的目標。1972年8月發表了「五大綱領」，揭示「推翻蔣家政權，建立台灣共和國；反對摧殘人權，維護人性尊嚴；消滅地域歧視，建立全民政治；消除特權剝削，實現社會主義經濟；反對強權侵略，確立獨立自主外交」。接著，在1976年9月根據這五項綱領的精神，提出了「我們的主張」，說明聯盟在政治、民族、經濟和外交的基本立場。

　　1983年4月24日，作者應華盛頓台灣研究社之邀請，前往演講，從社會經濟制度出發，為台灣規劃一幅理想的藍圖。本文「台灣建國藍圖：建設東方瑞士」係根據當時的演講內容，再經補充而成。

前言

　　台灣獨立運動過去給大家的印象，好像只是台灣獨立的問題而已。事實上，獨立運動有兩大課題，有個較廣大的意義。它不但在國際上要變成一個獨立自主的國家，同時在國內，還要建立一個民主、公平、合理的幸福社會。從另一角度來說，獨立運動不但要講求「拆厝」的策略，同時要討論「起厝」的藍圖。

　　過去獨立運動給人看起來，好像只是要把國民黨打倒而已，至於建設性的形象可說沒有。這或許與階段性有關。我過去接觸台灣人時，有些人說：您若不談獨立後要做什麼，我無法給予支持；但是也有人說，獨立後要做什麼，現在不必談，講了反而會產生紛爭，影響團結，所以只要講獨立，就會支持。可是近來有些新的變化，過去在問獨立後要做什麼的人，也繼續在要求將獨立後要採用的制度講出來。過去認為不必要的人也開始注意到，台灣獨立的時機已逐漸成熟，隨時可能發生，認為運動已跨入「起厝」的階段，我們應該事先有個心理準備，免得到時候手忙腳亂，捉襟見肘。所以，研討台灣獨立後的建國方針及具體方案，已經變成一個普遍的要求。

〔第一章〕
社會經濟制度的探討

　　在討論國家的建設，當然會有許多紛歧的意見，我想就古典資本主義與馬克思主義的形成背景及主張先做一個簡單扼要的介紹。

◎ 古典資本主義 (Laissez-faire Capitalism)

　　咱大家都知道，資本主義古典經濟學是由亞當‧史密斯(Adam Smith, 1723-1790)於一七七六年發表的《國富論》(Wealth of Nations)發展出來的，其基本論點是認為，經濟活動國家最好是不要給予干涉，在自由放任的狀態下，一個社會自然會有一雙「看不見的手」(invisible hand)來調節。國家只要負起法律與秩序的責任就行了。其結果，不但國家的財富可大大累積，社會亦必趨向和諧。他的這種放任自由經濟理論，認為人的自私自利(self-interest)所造成的利潤動機(profit motive)是好的。他主張競爭必須存在，即使無法做到完全的競爭(perfect competition)，至少也要保持自由競爭(free competition)；他也主張私有財產制；更主張國家對人民生活的干涉，應保持最低的限度。在十八世紀末期十九世

紀初期，這種觀念加上蒸汽機的發明，確確實實創造出比以往各世紀總合起來，更多更大的生產力，促成了一場極為成功的工業革命。

◎ 古典資本主義的弊端

自由放任的資本主義固然使社會經濟的生產力，有了史無前例的發展，但是它發展至相當階段，卻遭遇到許多棘手的經濟問題，暴露了許多缺失、弊害與危機，並因而導致社會、政治的問題。其所顯示的缺點包括：第一，在資本主義的制度下，生產社會化而資本和利潤卻仍是私有化；由於這種生產與分配的失調，導致財富集中，無產階級逐漸窮困，社會上貧富懸殊，形成資產階級及無產階級尖銳的對立；第二，在資本主義經濟制度下的生產，其目的在於追求利潤，自由的經營，自由的競爭，雖然各有其計劃，但就整個社會經濟而論，則是無計劃的。其結果往往造成生產與消費的失調，商品的過剩或不足，導致週期性的經濟恐慌；第三，資本主義的理想狀態是「完全競爭」的市場制度，完全競爭的定義是「沒有人能影響市場價格，所有的人都要接受市價」。但是，事實證明這種情況是很難達到的。因為自由競爭的結果，必然是優勝劣敗，而獨佔大企業的出現與發展，無疑地扼殺了資本主義所倡導的市場自行調節的功能。公司越大，越能逃避市場的運行功能而自成一經濟法則，——獨佔、壟斷、操縱價

格——從而癱瘓了亞當·史密斯所謂的「看不見的手」（維持供需均衡和市場和諧的功能）。

由於前期資本主義這些弊端，乃爆發了一九三〇年代的經濟大恐慌，從而激發了凱因斯(John Maynard Keynes, 1883-1946)的新經濟理論。他在其所著《自由放任之告終》(*The End of Laissez-faire*)一書中，即強調現代國家政府對於經濟任務的重要性。認為政府應透過累進所得稅、遺產稅、大量政府支出及社會福利等措施來干預經濟活動；因此使前期的資本主義的型態為之一變，演變成新資本主義。自二次世界大戰以來，可以說一切資本主義的國家，都脫離不了追隨凱因斯的經濟理論。

◎ 馬克思主義

不錯，自由放任的資本主義促成了一場經濟革命，給人類創造了比以往任何時代更多的財富，但是如前所說的，卻也發生了許多弊端，因而促成了馬克思主義的產生。馬克思對古典資本主義提出很多的批判，更否定了許多古典資本主義的重要理論。馬克思對古典資本主義最主要的控訴是：第一，他認為資本主義無效率(inefficient)，因為社會的生產都沒有計劃，各自生產，經濟上變成一個「無政府」狀態，因此十分浪費。第二，他認為資本主義社會很不公平(unjust)，因為資本家常剝削勞工，甚至為了省錢而去僱用些女工與童工。

　　站在十九世紀中期的眼光來看，馬克思確確實實是一個非常偉大的人道主義者；也是一個傑出的思想家和哲學家，整體說來，他的思想一部分是分析當時的經濟社會狀況，一部分是預測將來。他解釋社會演變的哲學是歷史唯物論，而改變世界的手段是無產階級革命。但是經過一百多年以後，這個世界、這個社會已經變化很多，因此值得我們對馬克思的思想重新加以檢討。咱知道馬克思思想的史觀及哲學基礎是辯證唯物論史觀，他認為物質是歷史進化的動力，經濟活動是人類最重要的生活；他最主要的是講出了幾點預測性的大問題：第一，他預測社會發展的規律：工業先進的國家，在資本主義發達後，必定進入社會主義，然後進入共產主義社會。因為生產資料與生產關係的不和諧，資產階級及無產階級必定尖銳對立，這種嚴重的對立無法以和平的方法解決，最後一定要依靠革命的手段，以無產階級專政來處理。他斷言資本主義必定會崩潰滅亡。第二，他的國際主義色彩很濃。他說工人階級無祖國，所以他們有一天會形成國際共產，使所有的國家終久會消滅。第三，他認為資本主義既浪費又不公平。

　　我想馬克思最主要的分析與預言包括以上這三點。自從一八四九年他參加共產革命失敗，逃亡英國，到現在已經一百多年了，經過一百多年以後，這個主義不再是推測的問題，它已經有了很多歷史經驗，可使我們藉觀察而不是預測來下結論了。

◎ 馬克思主義的驗證

到底馬克思主義的問題出在哪裡呢？在芝加哥大學執教的米爾頓‧傅利曼(Milton Friedman, 1912-2006)是一位有名的經濟學家，他一九七六年獲得諾貝爾經濟獎。通貨膨脹問題嚴重的極右智利政權及國家經濟計劃失敗的中國，都請過他去考察、當顧問。他說：「許多人下意識中，仍以共產主義宣稱的崇高目標，而不以遭人唾棄的實績，來批判共產政府。」「換句話說，有些人常犯『只談共產主義的思想，而不談實際』的毛病。」比較制度應該是拿事實比較事實，而不應該拿某種制度的事實來對照另一種制度的理想。其實，馬克思的思想已經存在一百多年了。而共產主義至今亦被實行一段時期。蘇聯一九一七年革命成功到一九八三年已過了六十六年，中共一九四九年到一九八三年也已經三十四年。東德、北韓，自一九四五年到一九八三年也已三十八年。我們已經有了大量的歷史經驗與事實，可以對馬克思的預測提出驗證了。

（I）社會制度進化推測的錯誤

馬克思說，資本主義一定會滅亡，然後會進入社會主義，到最後會進入共產主義。但是從百年來的經驗來看，除了一九二九年到一九三三年美國驚人的「經濟大蕭條」(The Great Depression)給人稍微感覺到資本主義即將滅亡以外，西方資本主義的國家，過去已表現出各自調整修正以

擺脫困境的堅韌性。資產階級與無產階級的差異會日益懸殊，終會導致尖銳對立的論點，在資本主義國家裡，也找不到確切的證據。相反地，中產階級的數量卻逐漸有大過無產階級的趨勢。倒是標榜社會主義、共產主義的國家，都是那些比較落伍、貧窮的國家，像蘇聯、中共、古巴、阿爾巴尼亞等。這種現象顯然與馬克思所預測的，人類社會發展必然由資本主義國家進入社會主義國家，再進入共產主義國家的情形完全相反。

（II）國際主義意識的破滅

馬克思的國際主義說：工人無祖國，國家會滅亡。馬克思曾經組織第一國際(1864)，其後也有第二國際(1889-1914)和列寧的第三國際(1918-1943)的成立。但是這些國際共產統統失敗了。其實，這種國際主義有其歷史淵源，當時每個國家的勞工與資本家的對峙普遍存在。馬克思當時生活在西歐，而西歐的國界不如其他地區明顯，難怪他說國家會消失。但是自第一次世界大戰以後，民族主義抬頭，沒有人再相信國際主義了。「工人無祖國」的理念已經不起歷史的考驗。現實的發展倒是國家主義比階級意識重要。咱可以舉幾個簡單的例子來證明此事。例如：孟加拉要獨立時，中共支持巴基斯坦。若從中共標榜的社會主義的理念來看，孟加拉是個非常落伍、最淒慘的地方，連一間大學也沒有。而巴基斯坦是一個最反動的政權，全國八〇％的銀行落在二十二個家族手中。站在理念上，中共應該支持

孟加拉，但是中共卻站在國家主義的立場及本國的利益，支持巴基斯坦去壓制孟加拉的獨立戰爭，這是一個很明顯的例子。再說，阿根廷的前總統貝隆(Peron)是一個極右派的獨裁者，但是蘇聯卻支持他。因為貝隆既反美國又反英國。所以蘇聯也為著自己國家的利益，去支持貝隆，但是就理念上來講，貝隆是非常反共的。另外，埃及在納瑟(Nasser)當權的時代，蘇聯也為了要在中東找到一個立足點而支持他。事實上，在納瑟統治下，共產黨是非法而且不准存在的。蘇聯居然在這種情形下加以支持。這些例子都一再證明一百多年來，國家意識還是遠比階級意識更重要。

（III）共產主義的效率不彰

馬克思認為若實行社會主義，經濟效率會增加。同時，社會也會更公平。我想針對效率問題，先表示幾點意見。剛才提到，截至一九八三年為止，蘇聯實行共產主義已有六十六年，中共三十四年，北韓三十八年，東德三十八年。我們就拿這些數據，來比較上述各國的生產力。

1. 國際兩大陣營的比較

就一般生產力而言，根據一九八〇年的統計，共產國家的人口佔全世界的三四％，GNP佔全世界的二二％。以每一個人的生產來看，非共產國家恰好是共產國家的一・八倍。再說美國人口有二・二億，共產國家的人口總共有十六億，但是美國的GNP卻大過所有共產國家

GNP的總和。美國每一個人的生產力恰好是共產國家每個人生產力的八倍，由此可知，共產國家的生產效率有多低了。從表一顯示，一九八〇年世界各國的平均國民生產毛額(Per Capita GNP)以及一九七一到一九八〇年的經濟平均成長率，第一位是卡達。它是中東的一個石油國家，由於油礦蘊藏豐富，所以每年每名國民的平均生產毛額高達二五〇二六美元。再其次是科威特：一二九一五美元；沙烏地阿拉伯一一九八〇美元，這些都是石油國家。接下來是，美國第四；瑞典第五；西德第六；阿拉伯聯合大公國第七；瑞士第八；挪威第九；加拿大第十。由這個表可以看出來，有些國家的平均國民生產高，是因為資源豐富，不是真正管理制度好。例如最前面的那三國。但是有的國家資源不多，所得卻很高，這表示最主要的因素是制度好，造成生產力高的緣故。就美國來說，其資源豐富，管理又好。但是若講到瑞典、瑞士、挪威，他們的資源並不豐富，可是所得仍然很高，其結論可以說是管理制度真正好的緣故。

接著來看共產國家，其所得最高的是東德，排在世界的第二十二位。若和西德比較，西德排在第六。所以一般來說，共產國家的生產力都比較低，當然有人可以做一個辯解說，共產國家的出發點都比較落後，說不定有一天會迎頭趕上。但是像蘇聯排名在二十八位，以色列資源很差，卻排名第二十七位，新加坡排名二十九位，香港排名

表一 世界各國每人所得(1980)及平均年成長率(1971-1980)

名次	國名	個人所得毛額$	平均年成長率%	備註
1	卡達	25,026	10.9	＊
2	科威特	12,915	10.2	＊
3	沙烏地阿拉伯	11,980	21.5	＊
4	美國	11,231	2.9	＊＃
5	瑞典	11,028	1.7	＃
6	西德	10,487	2.8	＃
7	阿拉伯聯合大公國	10,383	8.8	＊
8	瑞士	10,283	1.1	＃
9	挪威	10,192	4.6	＃
10	加拿大	9,875	4.0	＃＊
11	丹麥	9,826	2.4	
12	法國	9,420	3.5	
13	澳洲	9,156	3.3	
14	盧森堡	8,969	2.6	
15	比利時	8,571	3.1	
16	日本	8,163	4.8	
17	荷蘭	7,694	0.8	
18	利比亞	7,354	11.2	
19	冰島	7,283	4.9	
20	奧地利	7,188	3.9	
21	芬蘭	6,846	3.3	
22	東德	5,945	3.0	
23	紐西蘭	5,834	2.9	
24	捷克	5,540	2.7	
25	英國	5,323	1.8	
26	義大利	5,308	3.2	
27	以色列	4,907	5.4	
28	蘇聯	4,822	3.1	
29	新加坡	4,578	9.0	
30	巴哈瓦	4,534	0.3	
32	香港	3,822	7.9	
42	西班牙	3,097	3.4	
51	墨西哥	2,044	5.6	
55	台灣	1,825	8.5	
68	南韓	1,067	8.2	
80	北韓	823	6.3	
94	中國	573	6.6	

＊ 說明：＊天然資源豐富　＃生產管理良好

＊ 資料來源：Herbert Block. " The Planetary Product in 1980 ", U. S. Department of State, 1981.

三十二位。若拿經濟成長來做比較，東德的成長率是三％，蘇聯三‧一％，捷克二‧七％，但是以色列是五‧四％，新加坡是九％，香港亦有七‧九％，所以共產國家不但生產力在目前比較低，連成長率亦較低，因此非共產與共產國家之間相差會愈來愈大。

2. 美、蘇的比較

以上所做的是一般性的比較。現在拿世界兩大集團的最大國家——蘇聯和美國做個比較。一九八〇年蘇聯的GNP是美國的五〇％，但是蘇聯人口比美國還多，因此蘇聯的國民平均生產毛額只是美國每一個人的四三％，問題又出在蘇聯過去十年的平均成長率只有三‧一％（近三年來只有一‧五％），就成長率而言，美國也有二‧九％，相差有限，如果這個趨勢不變，蘇聯很難追上美國。另外在蘇聯工業中，專門生產武器的工業高達五〇～六〇％，所以蘇聯每人平均生產力不但只是美國的四三％，而且大部分工業都在生產飛機、飛彈及大砲等武器，國民消費財(consumer's goods)才佔其總生產的一二％而已。因此，蘇聯人民每人可享有的消費財只是美國人的四分之一至五分之一。這裡牽涉到一個價值觀念的問題：到底一個國家是生產飛機大砲還是生產人民可以消費的財物，對人民來講較幸福？這就是英語所講的「奶油或槍砲」(butter or gun)的問題。在蘇聯的制度或領導者的價值觀念，它認為國家的權力(power of state)最重要，人民的物質福利(material welfare of the

people)並不重要。從物質水準來看，蘇聯人平均國民所得已較美國人為低，而且其收入約五○％花在購買食物及吃飯方面。在這方面，美國人只佔其收入的一七％。因此，美國人除了可以滿足生活的基本需求之外，還可以去享受休閒(leisure)生活，更能滿足其他的文化需求，兩國的生活素質顯然很懸殊。再說日本的家庭，用在食物方面的消費為三二％，中共超過五○％，西歐的國家平均是二○％，台灣是三四‧九％。雖然食的方面如此，但是咱要承認在共產國家的住是非常便宜的。西方國家的人民用在住的費用，約佔收入的二○～三○％。不過咱不可只用房租來比較，其他還有房子的品質問題，也需要考慮在內。譬如，根據一九七二年的統計，在蘇聯每人可住的空間是七‧六平方公尺；西德、奧國是它的兩倍，美國是它的三倍。又一般蘇聯人若要享受美國工人同樣的物質生活，則要付出美國工人的七倍至十倍的時間工作。譬如，蘇聯工人要買一輛汽車，要用五年的薪水；在美國平均只要用五個月的薪水就夠了。

3. 私有農場生產力相對奇高

在蘇聯大部分的農地是國營農場與集體農場，私有農田僅佔全國總農地的一‧五％而已，但是農產品的產量卻佔五穀以外全國農產品產量的三分之一。具體地說，一‧五％的私有農地生產全國肉類的三分之一，牛奶也是三分之一，蔬菜也是三分之一，雞蛋四○％，馬鈴薯六○％，

其收入幾佔農民的總收入的二分之一。由這裡，可以看出效率的問題，還是私有的土地有較高的生產力。再說，蘇聯每樣東西都是用配給的，所以一般家庭用在排隊的時間，每日至少花掉兩個小時，訂購一台冰箱要等上三年到四年。這裡有一個笑話說，因為蘇聯限制消費性的生產，東西不易買到，開車的人在停車以後不但要鎖好車門帶走鑰匙，甚至連雨刷也要帶在身上，免得被偷走後買不到。這與台灣開朋馳(Benz)等外國名貴車一樣，不但要鎖車門，也要把車頭那個標誌(mark)帶走，以防標誌被偷走，有損車子的看頭。

4.中國的情形

接著來看中國的情形。在鄧小平時代以前，私有土地佔七％，公有土地佔九三％。但是八〇％的豬肉，九〇％的雞肉與鴨肉是私有土地所生產的，私有土地的收入佔農民收入的五〇％以上。匈牙利的私有土地佔一〇‧五％，其收入也一樣佔農民收入的五〇％。

中共在GNP中，用來再投資的比例，可以說很高，平均是GNP的三〇％。一九七八年再投資的比例佔GNP的三六％，但其經濟成長率只有六‧六％而已，美國的再投資只佔GNP的六‧六％，但它個人平均所得成長率卻有三％，所以兩國投資的效率相差很大。

5.德、韓分裂國的比較

或許有人會說拿美國與蘇聯比較是很困難，因為美、

蘇兩國的資源、歷史、文化、社會因素、民族性等等不盡
相同,工業化亦有遲早的不同,不過現時世界有兩個國家
這些條件非常接近的,那就是東德與西德,南韓與北韓。
這兩個國家在第二次世界大戰以後,才被各拆成兩個國
家,實行不同的制度,如今各已經生存三、四十年了,所
以它們可以用來做較客觀的比較。

　　表二是東德與西德,南韓與北韓在一九八〇年的比
較。東德人口有一七〇〇萬,西德有六一五六萬,人口
相差這麼多的原因,其一是當時東德的人向西德大量逃
亡的結果。有人說,中國在以前築萬里長城是防止外人
跑進來,東德築圍牆卻是防止自己人跑出去,實在大不
相同。

　　西德的土地雖比東德大兩倍,但人口實在相差很大,
西德每個人平均可耕農地才〇‧三畝,東德卻是〇‧七

表二　東、西德及南、北韓的經濟比較

項目	東德	西德	北韓	南韓
人口（萬）	1,700	6,156	1,900	3,900
面積（平方英里）	40,646	95,815	46,768	38,031
平均每人農地	0.7畝	0.3畝	0.3畝	0.1畝
平均每人GNP	5,945美元(1980)	10,487美元(1980)	823美元	1,087美元
平均年成長率	3% (1980)	2.8% (1980)	6.3%	8.2%
個人所得名次	22	6	80	68

＊資料來源:

1. Herbert Block, " The Planetary Product in 1980 ", U.S. Department of State, 1981.

2. The World Almanac & Book of Facts, 1982.

畝，但是個人生產毛額西德差不多一萬零五百美元；東德大約六千美元。這十年來的平均成長率，西德是二‧八％，東德三％，兩邊相差之大，東德在短期內根本無法追得上。

再談南、北韓，因為北韓資源比較豐富，所以在日據時代有「工業北朝鮮，農業南朝鮮」的說法，北韓出發點佔了先天之利，南韓人口很多，有三千九百萬，北韓有一千九百萬；北韓土地較大，平均每人可耕地是○‧三畝，南韓只有○‧一畝。但是根據一九八○年的統計，平均每人的國民生產毛額，南韓是一○八七美元，北韓是八二三美元，平均成長率南韓比較高為八‧二％，北韓則為六‧三％。所以南韓不但成長率領先，而且差距也愈來愈大。以上由這兩個背景很接近的國家比較，差不多可以下結論說，共產國家的生產效率的確比非共產國家為低是不容置疑了。

（IV）馬克思主義提供真平等嗎？

以上是對馬克思所預測的社會主義的生產力會較高所做的檢討；同時馬克思也認為社會主義帶來公平，如果真正會帶來公平，即使生產力較低也是值得的，因為這是求平等要付出的代價。不過，現在來看看共產國家裡，社會是否較公平，也是值得我們檢討的。

1.薪給制度為證

以中共來講，薪水分二十四級，由四十塊人民幣到

四百塊人民幣不等，最高與最低相差十倍。例如以前，毛澤東、周恩來、朱德是一級，每個人每月領四百塊；鄧小平是二級；省長六級到七級，部長八級。美國在一九八〇年，上將的薪水中，服務二十六年以上的每個月四九六一美元，服務二年以下是三五二九元。而二等兵在第一年每個月就有四四八元，相差只有八到十一倍。可是一向以「沒有階級之分」為標榜的蘇聯，其上將的月薪是二千盧布，二等兵是三盧布，相差高達六六六倍。一般而言，在蘇聯做教授薪水大約是工人的八倍，在美國，教授的薪水只是工人的一·五～二倍而已。所以由此看來，在共產國家光就薪水一項，已不是一般人想像中那樣的公平。

再說，蘇聯個人所得稅率是世界最低的國家之一，但其國家稅收中，有一〇％來自直接稅，九〇％來自間接稅，間接稅是不分貧富都屬於同一稅率。但是在西方的國家，平均直接稅佔七五％，間接稅佔二五％，所以由所謂「量能課稅」來講，應該是有錢的人繳較重才對，在共產國家反而沒有做到。

2.特權實例為證

薪水稅收是人人可以看得到的東西，其實在共產國家裡，更嚴重的問題是藏在背後、大家看不到的特權問題。在共產國家，大家所喜愛的是權力(power)不是金錢，只要有權力，什麼都會得到，當然包括錢在內。例如在蘇聯，高級官員、出名的科學家、文學家、太空人、醫生等，有

特定的超級市場、商店、洗衣店、理髮廳及醫院，甚至有免費的別墅及高級座車。就是坐飛機、火車、上餐館都有特殊的待遇。這都是錢以外，外人看不到的特權，這種特權引起的不公平可能更為嚴重。

　　一個相當有趣的例子，中共在開會時，不管大官、小官皆用一樣的茶杯，但結果發現官階較低的人，茶杯裡裝放的是白開水，階級較高的人，茶杯裡泡有茶葉。當然我們要承認，在資本主義的國家裡，資本家可以只憑他的資本賺利，這種「不勞而獲」的情形，是絕無公平可言，這是最令人詬病的。但是像日本的Toyota汽車公司（一樣是在資本主義的國度裡），他們董事長股份才佔三％而已，完全靠實力在領導公司，像這種情形，不勞而獲的情形會減少很多了。

◎ 小結：單純化與簡單化的偏差

　　馬克思把社會的現象和變遷過份予以簡單化，其理論都是停留在十九世紀政治經濟學的框框裡，因此正如英國哲學家羅素所說的：共產國家唱了將近一世紀的資本主義必亡論，並未發生，反而把自己的經濟搞得貧窮困厄。從以上的討論，我們可以得到一些初步的結論。第一，共產主義理論是在產業革命時形成，當時工人確實受資本家高度壓榨，但今天這種情形已經改善。第二，共產主義並不如我們想像中那麼完美，它不但沒帶來奇蹟，卻

顯示出了事實與理想的不符及承諾與表現之間的差距。第
三，改良過的資本主義不像放任資本主義那樣有壓制性。
總之，當今的資本主義是有缺陷，但並不如馬克思所說的
那麼極端。它目前仍以某種形式現實存在。共產主義雖有
崇高的理想，但到目前為止，卻沒有一個國家能將之實
現。實行共產主義的國家，也不得不面對現實，做了若
干的修正。

〔第二章〕

咱應有的社會經濟體制觀

在還沒討論台灣問題以前，我想有一些觀念的問題，有加以事先釐清的必要。

◎ 明辨社會主義的類別

社會主義型態的類別五花八門，根據一九二四年在英國出版的一本書《什麼是社會主義？》(*What is Socialism?*)，就歸納出一二七種來。

有人認為馬列主義才是正牌的社會主義，但也有人認為法國如今由密特朗當權，法國是實行社會主義的國家。記得有一次我問一位即將回去台灣定居的同鄉，到底他喜歡什麼樣的制度，他脫口就說他喜歡社會主義，我進一步問他：在這個世界有那麼多國家實行社會主義，到底你喜歡哪一國型態的社會主義？他說他喜歡加拿大，顯然在他的心目中，加拿大是個社會主義國家。又有一次，一位自稱熱愛社會主義的島內少年囝仔表示，世界上他所喜歡的社會主義國家是瑞典式的。其實加拿大、瑞典的社會

是由資本主義修正出來的社會福利國家。甚至在主張馬列主義者當中，也有人認為馬克思主義本質是好的，只是被列寧、毛澤東搞壞了，因此認為「馬克思主義」與「列寧主義」應該分開，不能混為一談。可見在大家腦海裡所了解的社會主義都不一樣，因此我們應先釐清各種型態社會主義的差異，不管是贊成或是反對社會主義，在使用「社會主義」一詞時，至少應該清清楚楚說出是什麼款型態的社會主義。

◎ 制度的修正與融合

表三是近代社會體制類別的示意圖，其中橫座標是經濟自由度的指標，從自由放任到全面集中計劃來區分國家干涉的程度，縱座標是財產所有制的指標，由全面私有、混合制到集體所有制。用這兩個座標，我們可將各國的社會體制分門別類。譬如，古典資本主義是屬於自由經濟與全面私有財產制，而中共與蘇聯是全面的中央計劃與集體所有制，這是兩個極端。但是經過百餘年的修正，今天可以說很難找到純粹的古典資本主義或純粹的馬克思主義。就中共來講，鄧小平上台後，在意識上，固然是共產主義，但實際上已經慢慢地向市場經濟的方向修正。

表三 近代社會體制類型示意圖

市場與計劃　　財產制	經濟的生活組織方式			
	自由經濟	政府干涉 (市場經濟優先)	計劃經濟 (計劃為主，市場為輔)	全面 中央計劃
生產資料所有制　全面私有混合經濟(私有優先)	古典自由放任 資本主義	美國 日本		
		台灣*西歐福利國家 （福利社會領域）		
生產資料所有制　集體所有制			東歐部分國家 蘇聯、中共 （社會主義領域）	

＊未加上國民福利成份的考慮
▨福利社會領域
▉社會主義領域

　　首先，咱來檢討所有制的問題。國家擁有企業的程度大體可分為部分社會化(partial socialization)及全部國家化(total nationalization)。但是根據過去的經驗，我們認為最主要問題並不是國家佔有企業的程度問題，而是這個企業如何營運以及利益如何分配的問題。希臘哲學家亞里斯多德(Aristotle)曾經說過，最主要的弊端不在於政府是否擁有生產資料，而是誰控制政府的問題(The principle issue is not whether the government owns the means of production, but who controls the govenment)。

　　其次，我們來談有關生產的計劃問題，現在，可以說世界各國的政府對生產多少都有干涉，只是計劃程度不同的問題而已。也就是所謂「計劃經濟」(planned economy)或者

是「經濟計劃」(economic planning)的差別而已。西方國家用的方法是誘導計劃(planning by inducement)，用課稅、國家預算、貨幣的發行量或者利率來干涉經濟活動，共產國家則用指令計劃(planning by direction)，完全由政府一手包辦所有的經濟活動。

◎ 效率及公平的對立與抉擇

人人都希望可以在政治上享受自由民主，在經濟上有效率又繁榮，在社會上既公平又合理。但是實際上這三項的需求，多少有點互相衝突與牽制的地方，無法平行同時達成。咱若縮小範圍只來談平等與效率的問題：若講求社會平等，則需犧牲一些經濟效率；反之，講求經濟效率則需犧牲一些社會公平。效率與公平是兩項互相牽制的東西。美國布魯金研究院(Brookings Institute)有一位經濟學者亞瑟・奧坤(Arthur Okun)，在一九七五年出版一本書，名叫《平等與效率：大抉擇》(*Equality and Efficiency: The Big Tradeoff*)，他說經濟效率與社會公平有很大的衝突。他用一個漏水水桶的理論來說明效率與平等應該如何取得平衡的問題，他說：「將經濟平等增加到所發生的利益正等於因為經濟效率的減少所發生的損失為止。」

效率及公平的觀念，目前在台灣很流行的二個用語就是「經濟人」與「社會人」的價值觀念。「經濟人」的價值觀念在追求效率、財富的累積並提高物質生活水

準；「社會人」的價值觀念是追求社會公平、全民福利以及更高的生活素質。一個社會最好有「經濟人」冷靜的頭腦，同時又有「社會人」溫暖的心腸。但是經驗告訴我們，這兩種價值觀念是互相牽制的，所以在經濟落伍的國家應該用「經濟人」的觀念做主角，而以「社會人」的觀念做配角；已經工業化的國家則以「社會人」為主角，「經濟人」做配角。這點與馬克思的觀念有些符合，馬克思認為資本主義發展後才可進入社會主義，但是很多馬克思的信徒不認識這點，在社會還很落伍的時候，就用「社會人」的價值觀念做主角，致使生產力低落，無法發展。因此，以何種價值觀念為主角，要看社會的條件，再來決定優先順序。

◎ 平等與現代化的真義

一般人談到公平、平等的問題時，很快就想到金錢的問題，認為只要把財富弄平等，其他就無問題。其實，財富固然是一個很重要的因素，但是除了財富以外，還有其他的因素，其重要性不亞於財富。所以我們應把公平與平等的觀念延伸到其他的層面，則我們可以得到更多的平等。例如政治權力不可過份集中，輿論不可讓少數意見特多的人包辦，開會也不要被搶著說話的人所壟斷等等。

談到一個國家的現代化，固然現代化與經濟進步是分不開的，但它必須是整體性的，政治、經濟、社會、文化

各方面都要齊頭並進，不可一部分現代化，另一部分處於落伍的狀態中。像台灣、南韓，只有經濟進步，其他方面一直落伍沒進步，這種社會是無法穩定的。

◎ 權力貴在均衡

英國的亞克頓爵士(Lord Acton, 1834-1902)有句名言：「權力使人腐化，絕對的權力造成絕對的腐化。」換句話說，在一般情形下權力愈是集中壟斷，政治就愈會出毛病，社會、經濟也就跟著出毛病。馬克思未曾了解這種人性的問題。社會主義由於政治、經濟、社會、文化等種種權力過分集中，如同奧洛夫所說是個「能源的黑體」(energy black body)，因此容易形成新階級，造成獨裁及腐化。所以國家的權力應該分權制衡。

◎ 觀念、制度皆需順應實際環境

根據以上事實的檢討與觀念的演變，今天已經沒有所謂純粹的古典資本主義或是古典的社會主義。像當過美國甘迺迪總統經濟顧問的經濟思想家蓋爾布瑞斯(John Kenneth Galbraith, 1908-2006)就講過：二十世紀的經濟成功，主要原因不是資本的發達而是管理的成功。所以就制度來講，他認為持續向左轉或持續向右轉都會回到原位。意思就是說一切的制度都不是最完美的，一定要調整、要修正。極左極右都無法存在。一切制度均向中間偏左，或是中間偏右修

正，這也是經濟學上所講的「共軛原理」(convergence theory)。如今不但前期的資本主義已經修正為混合經濟(mixed economy)與福利國家(welfare state)，蘇聯式的共產主義也被匈牙利、南斯拉夫、波蘭等修正為歐洲共產主義(Eurocommun-ism)，甚至連鄧小平掌權以後的中共也開始重視市場經濟的功能。可見制度是要順應實際環境與時俱進的。

世界潮流示意圖

〔第三章〕
當前台灣經濟問題探討

◎ 前言

　　接著，我們來討論台灣的問題。剛才講過，台灣的問題牽涉面非常廣，包括政治、經濟、社會、文化、外交等等。不過有關政治方面，大家已經談了很多，一般而言，反而經濟方面談得較少，現在單就台灣的經濟問題來做一個檢討。台灣的經濟問題最值得檢討的是企業公有化（國有、省有）的問題。公有企業大體上可分為國有企業及國營事業；前者是政策性的、社會性的，甚至賠錢也無所謂；後者則以營利賺錢為目的。以英國為例，有三個企業公有化：第一是壟斷性的工業(monopolistic industry)，像瓦斯、電力、電話、電報等等；第二是病態的工業(sick industry)，因為不賺錢沒有人要做，但是為了社會的需要，不做不行的，像煤炭是民生必需品，但是做了都賠錢，所以國家不得不擔負起來；第三是命根性工業(vital industry)，與國家的國防有關連性的工業，像鋼鐵、航空、鐵路等等。可見不少西方國家也走這個方向，但是他們都是部分國有化，亦

即剛才講過的局部社會化(partial socialization)而已。

◎ 獨佔經濟的公營事業

　　咱現在來看台灣的公有企業問題。當年日本人留下來的企業全部都被變成國營的企業。那時候佔台灣企業的比率是六七％，企業國有化的比率可以說非常高，到了一九六六年，因為有些部分開放民營，但最主要是因為民營企業的設立與成長，台灣的公營企業還是佔了四七％，再根據一九八一年中華徵信所的統計，台灣的五百間大企業，包括製造業、營造業、礦業、電力以及其他公用事業中，公營的佔二十二間，這看起來，比例好像很小，但實際上，公營的企業每間規模都非常龐大，譬如說在五百間當中的前五十間，公營的企業佔十四間，再說最前的十大企業中，公營的更佔了六間，不但間數比重大，其營業額也非常的大。二十二間公營的營業額，佔那五百間大企業營收淨額的三九‧五％。其中最大的是中國石油，第二是台灣電力，第三是台灣公賣局，第四是民營的南亞塑膠廠。但是南亞塑膠廠雖佔第四位，其營業額卻只是中國石油公司的九分之一。所以不只是排名順序問題，也不只是幾家的問題，還要看規模大小的問題。

　　另外，同年的一百大服務業中，包括金融、保險、運輸商業以及其他的服務業，公營的佔二十六間，這並未包括名為民營，實為公營企業的中華航空、陽明海運以及

中國國際商業銀行在內。同樣地，公營的規模，每間都很大，像頭十五大服務業中，有十四間是公營的。這二十六間公營服務業的營業總額，佔一百大服務業的六八‧三％，佔全台灣服務業的四四‧一％，由此可見，公營事業的比例實在高得嚇人。實行社會福利的瑞典也只不過佔五％，而現今實行社會主義的法國亦只佔二五％而已。

由以上的分析可知道，台灣公營事業對經濟的影響實際上有多大。有一個相當普遍流行於台灣一般人的錯覺是：外省人控制政治，台灣人控制經濟，這是大錯特錯的看法，其實外省人不但控制政治，更壟斷台灣全民一半以上的經濟活動。

◎ 公營事業扼殺經濟生機

台灣公營事業的比例遠超過瑞典、法國、英國的工黨以及德國的民主社會黨很多，因此問題不在於國有化夠不夠的問題，而是在於下面所要討論的營運效率與資本壟斷的問題。

（I）效率低落、浪費資源的國營事業

我們知道，台灣的公營企業大部分是在賠錢，像中國造船公司，資本額二十二億，負債三〇七億，累積虧損一六〇億，僅僅一九八〇年的虧損就達十一‧八八億。台灣金屬礦業公司，資本額十二億，負債八十九億，單是每月利息就要支出一億多，一九八一年虧損十三億，一九八二

年更虧損二十二億。唐榮資本額十億，負債一六二億。一
九八三年華同汽車公司只為了與美國通用汽車公司解除合
作契約，就白白虧損三十一億。台灣肥料公司在一九八〇
年也虧損一億。另外大家知道中國石油公司是台灣最大的
企業，它的油價比別人的貴，但是在一九八〇年照樣虧損
六・八五億。所以差不多所有的公營都在賠錢，到底原因
何在，一言以蔽之，就是政治掛帥。像中國造船公司的董
事長王先登是海軍出身的上將，唐榮公司的董事長郭永是
陸軍上將出身的，而且還聘請了五十多位退休的將軍做顧
問，乾領薪水，可以說是外行在領導內行。再說公營事業
如果賠錢是賠給自己的國民，那還沒話講，有時候錢是賠
給外國人的，像中船公司在一九八二年承造的四艘八萬七
千噸美國最大石油公司艾克森(Exxon)的油輪與六艘六萬五
千噸科威特的油品船，總共就虧了三十餘億的新台幣，這
種賠給外國人的情形，比賠給自己人不知嚴重多少倍。虧
損的結果不是不斷向公營銀行貸款，排斥民間企業的資金
來源，就是動用政府的預算，來辦理增資。

（II）一黨壟斷國家資源

以上是從個體來分析台灣的公營事業，若是從總體
方面來講，根據一九八三年四月十五日台灣經濟日報的報
導指出，全台灣國營事業的資本額是一三〇〇億，佔台灣
所有事業資本總額的三〇％，但是生產總額只有二一〇〇
億，僅及台灣國民總生產的一二％。可以說每一元的資

本，用於國營事業，每年只能創造一·六元價值。民營企業則高達五·一元。另外，根據一九七六年台、閩地區工商業普查結果，也指出台灣製造業，總資產報酬率民營企業是五·六六％；公營只有一·九五％。這種低效率的可怕情形，國民黨不但不加以檢討改進，反而進一步加強投資，擴大公營事業。僅就經濟部所屬的國營事業來講，一九七八年已經擴充為一九七三年的四倍，一九八一年更擴充為一九七三年的七倍。尤其近幾年來全國國營事業的投資毛額一直是佔全國毛資本形成的四五％到五〇％，意思是說台灣資源將近一半都被沒有效益的公營事業所佔用。但工業產值只佔百分之二十而已。

國民黨利用公營事業來酬庸人事，供養退休的文、武官員的作風，所造成的低效率、大浪費，在世界上實在難出其右的。莫怪一九八二年台灣民間流傳一句話「經濟土土土，政府無法度」。台灣的經濟問題歸根結底是一個政治問題。

◎ 社會福利付之闕如

其次，咱來檢討台灣現時的社會福利的問題，通常社會福利分成三類，（一）是退休養老金，（二）是國民健康保險，（三）是失業保險、傷殘救濟等等，這些在北歐的國家，已經有相當健全的制度。

台灣各級政府的預算，大約用去國民全部生產毛額

(GNP)的三〇％（1982年台灣各級政府總預算是5,455億，佔當年GNP的28 .1％，但是公營事業的虧損並未包括在內，1982年虧損65億），美國的預算是GNP的二一％，日本是二五％。政府的支出就是人民的負擔，咱要問的是：政府的預算是不是取之於民用之於民？一九八二年台灣的國防外交預算佔「中央」總預算的四〇％（事實上由國防部主管的經費約佔總預算的50％，因為軍事教育經費歸入教育支出，軍眷維持費及榮總經費歸入社會福利支出），社會福利只佔一三‧八％。美國呢？社會福利卻佔了預算的四〇％，尤其台灣的社會福利預算極大部分是用在榮民以及那些「萬年國會」代表的身上，相形之下，用於台灣一般老百姓的社會福利，幾乎等於零。

◎ 稅制偏頗落伍

（I）過度依賴間接稅

政府徵收稅金，有為了平衡預算的財政目的；有為了財富重新分配，課公平稅的社會目的；亦有為了控制通貨膨脹，調整經濟活動以及誘導產業結構的經濟目的。任何稅制應該是基於一種「量能課稅」的原則(principle of ability to pay)。通常具體的方法是用直接累進稅，就是提高直接稅在稅收中的比重，並用高度累進稅率來課取個人所得與遺產稅，以達成財富重新分配的目的。美國、英國、瑞典、挪威、西德、荷蘭、比利時等國家的直接稅，大約佔稅收的

七五％，間接稅才佔二〇％至三〇％而已。但是，台灣的直接稅，包括所得稅、遺產稅、土地增值稅、地價稅、田賦、房屋稅等等，在一九五〇年僅佔稅收的一七‧四％，一九七〇年尚不到二五％，一九七七年三一‧一％，直到一九八〇年才佔三二‧六％，大部分是依賴間接稅，包括關稅、貨物稅、營業稅、印花稅、使用牌照稅、娛樂稅等等，間接稅通常會造成窮人較富人多付稅的現象，具有累退稅率的意思，更增加社會的不公平，台灣到今天，居然間接稅的比例還佔三分之二。

（Ⅱ）國民稅賦是開發中國家之冠

台灣黨外前輩郭國基先生在參加選舉的時候，聲聲句句地喊「中華民國萬萬稅」。最近我看到國際貨幣基金會(IMF)所發表的一個統計，它用一國賦稅收入佔該國國民生產毛額的比率來衡量稅賦的輕重，結果發現一九六九年中間，台灣的稅賦一直高於全世界四十七個開發中國家的平均比例。在一九六九年到一九七一年，開發中國家平均稅賦是一五‧一％，台灣是一七‧八％；一九七二到一九七六年，開發中國家是一六‧一％，台灣卻是一九‧九％，同時，根據台灣的統計，稅賦在一九七一年是一六‧七％，到一九八〇年更增加到二〇‧二％。尤其值得注意的是，剛才講過，這麼重的稅收之中有三分之二是間接稅，有如在劫貧濟富，絲毫不講社會正義與公平。

（Ⅲ）稅源榨自中、下階層

　　台灣的直接稅不但只佔總稅收的三分之一，所得稅的稅收又佔直接稅的大部分，其負擔又多歸宿到薪資所得與低所得家庭。以一九七九年為例，台灣薪資所得申報額佔所得稅總申報的比例是八〇·一八％，營利所得、利息收入、執行業務所得、租賃所得等才共佔一九·八二％。另外以薪資所得實際納稅額佔綜合所得稅總額的百分比，一九七九年一樣高達六七·五％。另外真正由有錢人負擔的遺產稅、贈與稅佔總稅收的百分比，自一九六八年到一九七九年十二年間，才由〇·一五％增加到〇·二％；土地增值稅的百分比，在同一期間，亦才由三％提高到七％。我們知道這幾年，台灣的土地不知漲價幾十倍？買賣土地的筆數也不知增加多少？可見稅收的重擔是在一般勞動的白領、藍領階級身上，由此可看出台灣當前的稅制是極不公平、落伍的。

◎社會轉型企求理性改革

　　台灣是一個中進的國家，正在發展中，既不是一個落伍的社會，也不是一個已經工業化的先進國家。今後不但需要繼續求經濟發展，更要注重社會的公平。換一句話說，就是「經濟人」的價值觀念與「社會人」的價值觀念如何求得平衡的問題。由台灣產業結構百分比（表四）及台灣就業人口行業別百分比（表五），我們可以看出目前台灣已經形成大部分的中產階級了。中產階級如果

變成為社會的主力，他們對社會安定、正義與參與政治的慾望就會愈來愈大、愈明顯。同時由於教育的普遍，以及水準的提高，只要建立一個容納多元價值的開放社會，台灣獨立後，許多內部不合理的現象都可能藉著和平的方式來獲得合理適當的解決，亦即所謂 "Revolution by lawful, evolutionary methods"。

表四 台灣產業結構百分比

年度 ＼ 產業		農業	工業	服務業
1952	佔GNP(%)	35.9	18	46.1
1951		8.7	44.5	46.8

✱資料來源：Taiwan Statistical Data Book, 1982.

表五 台灣就業人口行業別百分比

業別 ＼ 年度	1966	1970	1976	1981
勞動力（千人）	3,824	4,654	5,656	6,764
工業(%)	25.2	28.3	35.5	42.2
服務業(%)	32	35	34.5	39
農業(%)	42.8	36.7	29.9	18.8

✱資料來源：台灣《天下》月刊，1983年6月

◎ 經濟升級的工業策略

最後我想來檢討一下有關台灣工業政策與發展方向的問題。台灣的天然資源相當缺乏，以能源來講，有七七％依賴進口，其中石油的進口佔九八％，每年耗費GNP的一三％，外匯的二五％。在一個資源極少的國家，若發展傳統性的工業，恐怕有朝一日所需要的原料會有被切斷之虞，像石油、核能燃料、鐵砂等等。但是台灣卻一直在發展傳統性的重工業，像造船、煉鋼、煉油等等，這是完全不符合台灣現實的客觀條件。另外過去台灣都是全靠發展「廉價勞工」的勞力密集工業，目前已面臨落後地區的價格壓力，也面對先進國家的品質壓力。但是我們有的是豐富的「人礦」，不但人民勤勞，同時教育普及，具備有極大的潛力，將過去「廉價勞工」蛻變為「高值腦力」，將過去「勞力密集」的工業轉變為「智識密集」的高等科技(high-technology)工業，譬如資訊及高級電子工業，如此才能擺脫傳統工業的限制，使工業的發展順利升級。我想這是今後台灣工業發展可行的方向。

當然有關台灣的經濟發展，如何改善產業結構、強化國際貿易、提高國際競爭能力，如何重振農業生產、解除農村危機、保障農民生活、確保國民糧食供應，如何重新開展觀光事業、維護並運用美麗寶島的生態資源等等，都是我們要進一步研究努力的工作。

〔第四章〕

台灣建國藍圖的理念

　　根據上面所檢討的世界經濟、社會制度的歷史背景與發展的潮流，對現代化國家應有的認識，加上對台灣經濟、社會的了解，相信我們可為台灣獨立後的建國工作提出一些基本方針與指導原則。

　　從獨立運動的理論來講，它包括兩方面，一是運動發展的方法策略，另一是獨立後建國的政治理想。換一句話說，我們一方面要有「拆厝」的策略，另一方面要有「起厝」的藍圖，兩者多少互有關係。台灣獨立聯盟過去比較著重策略方法論，相對地對將來的建設就談得比較少。所以今天我們集中來研討獨立後台灣建國的政治理想。

◎ 建國藍圖的沿革

　　世界台灣獨立聯盟在一九七〇年成立之時，提出了「獨立建國」這四字簡明有力的政治目標。在一九七二年八月，發表了「五大綱領」，揭示「推翻蔣家政權，建立台灣共和國；反對摧殘人權，維護人性尊嚴；消滅地域歧

視，建立全民政治；消除特權剝削，實現社會主義經濟；反對強權侵略，確立獨立自主外交」。接著，在一九七六年九月，以五大綱領的精神為基礎，提出了「我們的主張」包括以下各項。

政治上：一定要尊重人性的尊嚴，發展民權，不但使「政治犯」在台灣永遠成為過去的名詞，而且使台灣人充分享受民權。

民族上：凡是認同台灣、熱愛台灣、將台灣看做故鄉、願意和台灣共命運的人，無論是第幾梯次遷徙來台灣，都是台灣人，都是台灣獨立後平等的新國民。

經濟上：使人民的衣、食、住、行、醫療、教育、就業受到保障，同時在整體經濟發展過程中，生產工具要相當程度的社會化，以確保廣大台灣人民平均分享經濟發展的成果。

外交上：採取獨立自主的路線，願與包括中國在內的世界各國建立平等國交，並為世界和平與正義盡一國之力。

所以事實上，聯盟自早就有這些基本原則和具體的主張。海外其他獨立運動的團體，有些人主張獨立並實行社會主義，也有人主張獨立與自由主義，但卻談得非常抽象空洞，頂多是相當於聯盟在一九七○年、一九七二年間所講的程度而已。但是今天在海外有人反而批評聯盟從不提建國的理想，僅僅在談獨立而已，這當然是對聯盟的一種

不符事實的誤解。

◎ 建國綱領的基本原則與精神

　　台灣獨立聯盟不但在一九七二年提出五大綱領，其後並發表「我們的主張」；一九八一年更草擬「台灣獨立聯盟建國綱領」初案，就政治、經濟、社會及外交方面，進一步提出更具體的建國準則，經過內部反覆數次熱烈的全面討論，並就教於學有專長、關心台灣前途的各界人士，做最後的修正後，於一九八三年六月底正式向外公佈「台灣建國綱領」草案。我想就這個建國綱領制訂的基本精神——開放、平衡、彈性及和平的四項原則，做一個簡單扼要的說明。

（I）開放的原則

　　台灣建國的方案及實際工作應於獨立成功以前，充分的討論與研究。但是民主是建國最基本的前提，我們要建立一個容納多元價值的開放社會，不管要實行何種制度，獨立後應由全體人民透過民主的方式參與決定。

（II）平衡的原則

　　台灣是一個成長中的國家，如何促進台灣的經濟繁榮，與實現社會平等取得平衡，是建國的中心課題。研討一套既能激勵人民的創造性，又能兼顧社會公義的經濟體制，是我們應走的道路。

（III）彈性的原則

任何建國的主張，必須適合台灣現實的社會、政治條件，能夠付之實踐，才有實質的意義。政治是一種行為的科學，我們要做一個有理想的現實主義者，或是有現實感的理想主義者，要避免流為空談的理想主義者，或是被現實拖著走，無理想的現實主義者。

（IV）和平的原則

要打倒蔣家政權，達成台灣獨立必須透過革命的手段來完成，聯盟提出的「台灣建國綱領」的內涵，亦是一項革命性的主張，但由於台灣教育普及，民智已開，具備實行民主政治的條件，所以獨立後能夠透過和平漸進的方式來促其實現。

◎ 結語：台灣將是東方的瑞士

基於上列四項原則，聯盟擬訂了「台灣建國綱領」草案，經過內部熱烈的討論並就教於學有專長的先進人士，確信這份建國綱領的基本精神和內涵，符合台灣社會的條件及台灣人的理想，在獨立成功以後，必定可以具體實現。

台灣在今年初向台大、政大、師大、中興、東吳、輔大、淡江、文化大學的學生做了一個抽樣調查，結果顯示七九‧九％的大學生認為瑞士是他們心目中最理想的國家。瑞士這個國家研究起來具備下列四個特徵：（一）它是一個小國家；（二）它是個和平的中立國；（

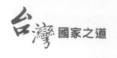

三）它的資源奇缺，但經濟繁榮；（四）它的社會福利
制度健全，人民幸福。實際說來聯盟綱領的內容非常符
合瑞士的精神，誠如我們常常在講的，獨立運動目標在於
建設台灣為東方的瑞士。聯盟建國綱領雖尚待大大加以宣
傳，卻符合絕大多數的大學生心目中的理想國，因此相信
這份綱領代表絕大多數台灣人的願望，必為絕大多數台灣
人所接受。

【附錄】
回答對「台灣建國藍圖」的質疑

　　一九八三年四月二十四日，在華盛頓向一群熱心同鄉的演講中，本人首次談論「台灣建國藍圖」的問題。其後，以這次演講為骨幹，充實內容後，成為〈台灣建國藍圖概略──由社會、經濟制度的比較，論台灣建國的基本原則〉這篇文章，先後刊登在《台獨季刊》第六期（1983年夏）和《台灣公論報》第二一八至二二一期（1983年9月28日、10月1日、10月5日和10月8日），本人也曾利用其他的演講會，公開或私下就教於關心台灣前途的個人及團體，其中一次是一九八三年九月二十四日，由大紐約區台灣同鄉會主辦的一項演講會。在這些演講和文章發表後，曾經得到一些同鄉的反應和批評。本文是集結各種批評的主要論點，用問答的方式，進一步討論「藍圖」裡面疏漏或不夠周密的地方，並提出解說。有一點必須先聲明的，有人質疑，西方的民主是形式上的民主、美國是少數人的民主等有關民主的問題。本人準備在另外一篇文章中專門討論。

目前蘇聯、中共與東歐等社會（共產）主義國家的生產力和經濟平均年成長率極低，雖然這是事實，但是並不能證明那是因為社會主義的效率不彰，以及管理制度不良，況且，管理制度是否能發揮效力，與其他的社會條件有很大的關係，譬如人口的素質。

　　這是所謂研究方法的問題。有一個前提，我們必須事先認識清楚的：社會科學（廣義地包括經濟學）對問題的解決，絕對無法像自然科學那麼精確。譬如，化學裡，兩份的氫和一份的氧可以化合成水；或者數學裡四加三加二加一，或者六加四，或者五加五等都可以得十。這樣的定律，在社會科學裡是幾乎找不到，幾乎沒有一個社會問題，可以列出充分必要的條件。譬如，有人列出下面的因素，為台灣近年來經濟「奇蹟」發展的原因：(1)勤勞的台灣人，(2)日據時代留下的良好工業基礎，(3)美援的助益，(4)韓戰或越戰等國際局勢的變化，(5)世界經濟之持久景氣，(6)內部政治穩定，(7)教育的普及。但是，是不是具備這些因素，再加起來就促成台灣經濟之快速發展呢？答案顯然是否定的。

　　事實上，社會科學的研究不在探究某一事件發生的所有因素，它只在尋求某一事件所以發生的一些主要的

主宰因素，一些無關緊要的因素常常可以忽略。譬如，以台灣經濟快速發展為例，我們實在無法完全否定，有人將此歸功於國民黨政權的政策和效率。但是我們發覺，國民黨的這種功能實在太小了，何況它的這種功能沒有政治的作用在裡面，所以我們就把它省略了，否則，若要詳細再列的話，某一行政首長的人格特性、天候的變化、海外「華僑」的分佈和留學生的「歸國」等等，是不是都要列為因素呢？

用數學的符號來說明，社會事件的發生大約可以用這樣的程式來表示：

$$Y = X_1 + X_2 + X_3 + X_4 + \ldots\ldots + X_n$$

Y是依變數(dependent variable)，它的變化或成立受到一些自變數(independent variables Xs)的制約。X有多少個幾乎無法完全列出，只能列出比較有解釋力的幾項。在這種情況下，有些學者會特別強調某一個自變數。當然，特別強調某一個自變數必須非常小心，不可以拿著雞毛當令箭。譬如，假定對於Y的成立，X_1加X_2加X_3有百分之八十的解釋力，再加X_4時有百分之八十五的解釋力，表面上看起來X_4好像只有百分之五的解釋力，事實不然。因為X_2和X_4有時有重複的現象，X_2和X_4加在一起時，X_2的解釋力只有百分之五，雖然X_2的單獨解釋力也許有百分之三十，也就是說X_2頗受到X_4的制約。那麼，對於Y的成立來說，我們寧可強調$X_1 + X_3 + X_4$，而非$X_1 + X_2 + X_3$。而且，我們

若單獨強調X_4的解釋力，這是錯誤的！

回到我們的本題，在「藍圖」一文中，我們並不說社會（共產）主義制度的效率是造成生產力低落的唯一原因。我們要強調的是，這個原因非常重要，因為這種社會制度限制了人類全力發揮的能力。人口素質對經濟發展有重大的影響也是不可以否認的，但是過分強調人口素質的重要，甚至於認為人口素質影響到社會制度的效率，是倒果為因的看法。因為事實上是社會制度影響到人口素質的發揮。這問題，我們要在問題二中進一步說明。

❓ 問題二

拿印度和中國來比較，這兩個國家皆很落後。若說中國是因為實行社會（共產）主義制度的緣故，那麼印度的落後如何解釋呢？它並不是社會（共產）主義制度的國家，但是它的社會可以說比中國更為落後。

讓我們先重複問題一。我們的看法是：社會制度並不是影響經濟發展的唯一原因，雖然它是非常重要的影響因素。

有一派學者著重用心理學上的途徑，來解釋一個地區或國家經濟落後的現象。他們認為，在落後的社會中，常常出現權威性的社會架構，在這架構中，個人的地位被嚴

格地階層安排，人們無法也不被允許改變這種安排，他們長久以來因遵循這種安排而失去了自信心，一旦遭遇到新環境的挑戰時便焦慮不安，這種心理很難造成經濟發展的衝力。也就是說，在落後社會中的人常常缺乏成就的需求(need for achievement)。所謂成就的需求可以解釋為個人對成功的渴望，它不只是想從成功中得到認可的報償，更進一步想從完成某件事中得到自我滿足的內在感覺。一般來說，具有高度成就慾望的人，也較容易努力的從事某項工作、學習得較快、名譽比物質的報酬較能刺激他發揮全部的能力，並且儘可能選擇專業的人才做為他們的朋友和工作伙伴等等。在這種情形下，會給這個社會的經濟發展帶來很大的動力；若大多數人未具有高度的成就需求感，這個社會就要一直處於落後或進步非常慢的狀態。

人們的成就需求感，對生產力的提高或經濟的發展而言，是一種重要的因素。印度人就是缺乏這種心理的需求，結果造成經濟落後或進步非常緩慢的現象，這和他們的文化背景有關。傳統中國老百姓的心理狀況大約也與印度類似。對於社會制度，我們懷疑，中國強調社會成員對生產資料的共同占有，和在這社會中共同勞動的原則下，人們的成就需求是否還能完全地發揮。以東歐和西歐為例也許更能說明這種情形，它們承繼相同的歷史文化，但是東歐的生產力比西歐為低。這是因為東歐的社會制度減弱了人們的成就需求感，而影響到經濟發展的結果。因此，

我們能否認社會制度大大地影響到人民的成就需求，再進而影響到經濟成長嗎？

？ 問題三

目前蘇聯、中共和東歐等國家並不是真正地實行馬克思主義，因此不能證明馬克思主義行不通；而且，即使到目前為止，還沒有一個國家能夠實現馬克思（共產）主義的崇高理想，也不能證明馬克思主義不可能實現。

要回答這個問題，我們必須先了解馬克思主義是甚麼？馬克思和恩格斯最初只把自己稱為「共產主義者」。他們在一八四八年發表的「共產黨宣言」(The Communist Manifesto)中，舉出形形色色的社會主義，並且在其他文件中對社會主義加以嚴厲的批評。到一八七〇年代，馬克思和恩格斯把社會主義和共產主義當作同義詞使用，並且自稱是社會主義者，但他們宣稱自己所主張的是科學社會主義學說，或稱做科學共產主義學說，以別於他們批評的空想社會主義。

另一方面，馬克思認為(1875年)在共產主義（即社會主義）發展到最高階段，才能出現「各盡所能，各取所需」的社會；亦即，馬克思認為共產（社會）主義的發展是有階段性的。列寧在《國家與革命》(The State and Revolution)一

書中明確地區分這種階段性，並指出社會主義是共產主義的第一階段。也就是說：目前蘇聯、中共和東歐等社會主義國家，不管在理論上或實質上，都還沒達到馬克思理想中的社會發展最高階段──無階級的共產主義社會。這是連這些社會主義國家自己也承認的事實。

當然，問題三主要不在爭論這點，其所爭論的是：馬克思主義是很完美的，這些國家並未能真正實行，結果把馬克思主義完美的名譽破壞了。我們來看看這樣的論爭是否說得通。

首先我們看，馬克思主義本身到底是什麼？把馬克思主義拿來詳細探討，很快地我們就會發現馬克思主義的多樣性：就馬克思主義本身而言，它實在是一個混合各種學說和各種解釋的大鍋菜。肉體和傳記的描述也許只有一個馬克思，可是文字思想的解說卻出現種種不同的概念。因而發現馬克思具有全觀的(total)，有早期的(early或young)，有成熟的(mature)，也有科學的(scientific)或人道的(humanistic)等各項特徵。另外，就是連馬克思主義也具有許多不同的類別。這就正如一個學者說的「馬克思主義幾乎就像馬克思主義者一樣多」。文化上和語義學上的差別，使各國出現各種不同的馬克思主義。譬如奧國馬克思主義、英國馬克思主義，甚至出現毛澤東思想等等。馬克思思想的學說也出現種種截然不同的型態。譬如，人道主義者(humanist)的馬克思主義，結構主義者(structuralist)的馬克思主義，甚至於

新馬克思主義(Neo-Maxism)或歐洲共產主義(Euro-Communism)
等。儘管它們是有特殊的共同性、論點和邏輯範疇，可是
我們如何保證，因為馬克思主義的諸多面相，會不會形成
另外一個問題：某一個國家實行的馬克思主義與另外一個
國家的不同，而就被認為是錯誤的、非正宗的。事實上，
這個問題早已經實際存在，社會主義國家陣營中，因意識
型態的差異，而造成彼此互相指責對方為修正主義的現象
就是這種說明。

　　然而，我們忘了，這些國家都是自我標榜堅持馬克思
思想和社會主義路線，假定，這些國家依據它們目前的理
論，皆造成高生產力和高效率的經濟，我們還會聽到，它
們不是真正馬克思主義的批評嗎？如果說，這些國家沒有
一個是真正正宗的馬克思主義，沒有一個符合馬克思主義
的本質及內容，那麼馬克思主義豈不是一個尚未經過實踐
的理論而已嗎？

　　至於有人辯稱，九十九個國家實行社會主義失敗，
也不能證明第一百個國家也會失敗的問題。如果我們拋
開客觀的科學研究方法，這種說法在邏輯上似乎是說得
通的，但是就不是注重社會存在（事實）的唯物觀點了。
這是絲毫沒有統計常識的講法，我們到底要相信九十九個
的事實，還是相信第一百個的可能性？暫且先不論，這種
用全體國民的命運作賭注的危險性，在非常強調國際互依
關係的共產主義理論裡面，第一百個事件是否有可能獨立

存在？甚至於有何意義？如果我們這樣推演，台灣是唯一真正能成功實行馬克思主義的國家，而其他所有共產主義國家皆因處在不公平不合理的狀態，而不能成功地實行馬克思主義，試問這種可能性究竟有多高？不錯，我們必須有信心來建立一個世界上最完善且符合台灣客觀條件（環境）的國家，但是我們能夠把台灣當作唯一的第一百個例外來考慮嗎？

? 問題四

拿南韓和北韓兩個國家的經濟成長情形來比較，而下結論說南韓因為制度較好而生產效率較高，是不公平的，因為南韓的經濟有美援的大力幫助才得以快速發展，並不是制度使然。

首先牽涉到的是北韓有沒有接受外援的問題。北韓自一九四八年建立政權以來，確是以追求自立的民族經濟為其首要目標。自力更生是他們在發展經濟時的最重要口號。可是，它卻又不能不依賴外國的顧問、技術、制度模式和援助。

事實上，有關北韓的詳細經濟資料很難獲得，因為它只發佈一些零零碎碎的資料，能取得的不但很少，而且含糊不清。自一九六六年起，北韓政權再也不公佈年度經濟

統計資料。自此以後，所有發佈的資料都限定於各別生產
單位的成就，同時，這些統計資料還經小心選擇，以做為
宣傳的目的。所以時常誇大其實質的經濟成長，不用說，
外援的資料更難獲得了。

　　不過，北韓政權從其他共產國家獲得經濟和技術的
援助乃是不容置疑的：特別是在韓戰期間，以及戰爭結束
的那段時間，自蘇聯和中共獲得的援助，這些援助使北韓
的經濟快速成長，也為自力更生的經濟政策鞏固了一些基
礎。然而，即使強調自力更生，在面臨中共政權推行四個
現代化，進行新經濟政策的提示下，北韓也開始檢討目前
的經濟政策。

　　根據統計，一九四九年至一九六二年間，北韓接受
共產集團國家的經濟援助和貸款，估計大約十三億九千
萬美元。其中五億七千七百萬美元來自蘇聯，約百分之
四十一；中共提供五億一千七百萬美元，約佔百分之三
十八；東歐國家則提供二億九千六百萬美元，約佔百分
之二十一。

　　據美國武器管制與裁軍總署(U.S. Arms Control and Disarma-
ment Agency)的估計，一九六七年至七六年之間，中共和蘇
聯供應北韓的軍事武器總共約值七億七千一百萬美元。另
據美國國防部在一九七七年八月公佈的數字，北韓在一九
七四年至七七年間，接受來自中共的各種軍事援助價值一
億八千萬美元，來自蘇聯的為一億四千五百萬美元。

　　另外，一九八一年三月十七日，莫斯科電台在一項慶祝莫斯科與平壤簽訂經濟暨文化合作協定三十二週年的廣播節目中宣稱，北韓大約有六十座重要工廠是靠蘇聯的協助重建或新建而成。其中比較重要的是：平壤熱力發電廠、中京(Chongjin)和守京(Songjin)鋼鐵製造廠、金發(Kinchaek)鋼鐵公司、洪南(Hungnam)肥料廠，以及平壤、海山(Hyesan)和漢洪(Hamhung)的紡織廠。這項廣播還進一步宣稱，這些工廠的產量佔北韓總工業生產量很大的比例：電力的百分之六十，礦產的百分之四十二，以及紡織的百分之三十；並且目前尚有十一項新計劃正在建造中或在計劃階段，同時有許多蘇聯的技術人員分佈在各地幫助北韓的建設。

　　這些外援對北韓的工業發展確實有實質的貢獻。因此若我們只看南韓接受美援，而忽視北韓有蘇聯、中共和其他共產國家的援助，才真正是不公平的看法。

　　況且，新馬克思主義者認為，資本主義富有國家提供的援助及投資，是入侵貧窮落後國家的主要工具之一。不管是間接的（富有國家提供援款給落後國家當基本設施的投資），或是直接的（援款的使用由提供國決定），外援都打開了落後國家的大門，讓外資進入，並且造成利潤的轉移，因為這些援款都是用在有利於援助國的項目上。

　　另外，新馬克思主義者還認為，外援不僅造成有利於富有國的經濟環境，而且嚴重影響到落後國家的外交政策。許多外援都是用來防止富裕國家發生政治危機，

同時有很大部分，還用在軍事項目之上。結果，這樣的援助被認為是富有國藉提供援助，以操縱落後國家的政策。外援因此被視為富有國取得控制和獲取利潤的工具。即使含有人道意義的援助，也很容易被視為是一種文化或思想的侵略。

認定外援會造成這種結果，卻又斷言南韓因為接受美援而得以提高經濟成長，而不是南韓的自由經濟制度使然，這種論證很明顯地是互相矛盾的（在這裡，我們並不想進一步探討外資到底是剝削或援助的問題，因為這是見仁見智的）。

？ 問題五

「藍圖」，從許多實行社會主義國家經濟生產的低落，來論證社會主義的失敗，即使這是有理的，但是為甚麼還有許多國家，譬如法國、西班牙和希臘會成為社會主義國家？

這個問題關係到社會主義的定義問題，一般自稱馬克思列寧主義的人是不能接受法國等國家是實行社會主義的國家。本人所批評的也正是，蘇聯、中共、東歐等國家根據馬列主義所實行的社會主義，並不是法國等國家的社會主義。事實上法國等國家實行的是經過修正的社會主義，這正恰恰印證本人的主張：原始極左極右的制度

都無法存在，一切制度均向中間偏左，或中間偏右修正。古典馬克思主義也經過修正成為中間偏左的制度。再說，有一個非常重要的區別：與其他的非馬克思社會主義政府一樣，法國的社會主義政府是經由全體法國公民投票選舉產生的，同時法國國民也有權利投票決定罷免他們所選出來的政府；蘇聯、中共和東歐等社會主義國家的人民有這種權利嗎？

? 問題六

「藍圖」，談的都是批評馬克思主義或社會主義，但卻從未評論資本主義的弊端，難道資本主義的矛盾是可以忽視的嗎？

「藍圖」，花費較多的篇幅批評馬克思主義，而沒有對古典資本主義作批評，確實是本人疏漏的地方。事實上「藍圖」一文要說明的是：台灣未來社會制度的發展趨向，本人絕不贊同這兩種制度各走極端的說法，事實上，應是這兩種制度截長補短，互相融和，而形成一種適合台灣社會的新制度。也就是本人認為，前期資本主義經過修正成為中間偏右後，以及古典馬克思主義經過修正成為中間偏左後所形成的一種制度。這種制度也許至目前還沒有完全形成，然而這是一種世界潮流。

　　一般說來，在經濟的範疇裡，資本主義重視市場體制和價格功能，有一隻「看不見的手」在協調供需的關係，以及分配資源所得。在這種制度中，國民求富的衝力可以完全發揮，帶來社會的繁榮和進步。而社會主義專注社會的公平和正義，它相信，用中央集權和集體管制的辦法，統馭一切公私經濟活動，可以創造這種公平正義的效果。

　　前期的資本主義固然使社會經濟的生產力有了史無前例的發展，但也發生了許多弊端及危機。其所顯示的缺點包括：第一，在資本主義的制度下，生產社會化而資本和利潤卻仍是私有化；由於這種生產與分配的失調，導致財富過分集中，無產階級逐漸窮困，社會上貧富不均的現象因此造成。第二，在資本主義經濟制度下的生產，其目的在於求利潤，自由的經營、自由的競爭。雖然各有其計劃，但就整個社會經濟而論，則是無計劃的。其結果往往造成生產與消費的失調，商品的過剩或不足，而導致週期性的經濟不景氣。第三，資本主義的理想狀態是「完全競爭」的市場制度。完全競爭的定義是「沒有人能影響市場價格，所有的人都要接受市價」。但是，事實證明這種情況是很難達到的。因為自由競爭的結果，必然是優勝劣敗，而獨佔大企業的出現與發展，無疑地扼殺了資本主義所倡導的市場自行調節的功能。公司越大，越能逃避市場的運行功能而自成一經濟法則——獨佔、壟斷、操縱價格

——從而癱瘓了亞當·史密斯所謂的「看不見的手」（維持供需均衡和市場和諧的功能）。第四，資本主義的另外一個弊端是出現帝國主義的傾向。經濟帝國主義背後的驅策力量是某個特定的階級利益，最主要的就是資本家的利益，他們利用國家機器來確保他們在本國或海外殖民地的經濟利益。這種資本家利用政府為工具追求經濟利益的情形，在十九世紀造成各國大量增加軍事預算（超過三分之二），包括海軍的軍備和設施。換句話說，帝國主義的政策是根植於強大且有良好組織的財政和工業集團利益，他們成功地得到國家（政府）的助力，以維護和拓展市場以及投資，這兩項工作正是用來傾銷他們的剩餘貨物和剩餘資金的途徑。

　　前期資本主義確實有這些很難辯駁的弊端，但是問題是：壓制經濟生機和生產積極性的社會（共產）主義制度能解決這些問題嗎？何況資本主義在其持續發展的過程中，已經表現出自我調整修正，以解決這些問題的適應性。凱恩斯的新經濟理論就是一個例子。由於一九三○年代的經濟大恐慌，因而促成了凱恩斯新經濟理論的產生。凱恩斯在其所著《自由放任之告終》一書中，即強調政府對於經濟任務的重要性。他認為政府應透過累進所得稅、遺產稅、大量政府支出及社會福利等措施來干預經濟；因此使前期資本主義的型態為之一變，演變成新資本主義。因此事實上，在世界上我們找不到有那一個主義是一成不

變的。本人認為，我們不應死抱住一個主義不放，而使我們失去面對現實社會中應有的彈性措施。我們認為資本主義和社會主義應有截長補短，融合成為一個能為整個社會帶來重大進步和公平的制度。這種社會正是台灣獨立聯盟的「台灣建國綱領」草案所要追求的目標。

? 問題七

聯盟的「台灣建國綱領」草案融合這兩個制度的理念，看起來非常理想完美，但是如何保證它能在台灣實行呢？

這可以說是任何主張、方案、綱領等所同樣面臨的問題。

一個理想、主張之能否實現，要看它有沒有實現的客觀條件？執行者有沒有實現的誠意？充分的能力和堅強的意志？這些條件缺一不可，否則即使說得天花亂墜，終究是無法實踐的。

就客觀條件來說，聯盟所提出的「綱領」是符合當前社會主義和資本主義向中間修正、融合的趨勢，它也是針對台灣當前所面臨的問題而制訂的，不是無的放矢，更不是閉門造車。以台灣社會的經濟、教育、文化水準，一旦消除了蔣家的政治障礙，「綱領」有極高的可行性。

倒蔣建國是聯盟多年來鍥而不捨的標的，在島內外

台灣人的支持、參與之下，我們的運動得以蓬勃發展，蔣家政權則寢食難安。我們深信聯盟的主張是正確的，我們也將滿懷信心地全力以赴。我們認為「綱領」不是毫無缺失，更不是聖經、教條。在實踐中，我們會持著虛心的態度，時時檢討，精益求精。我們有十萬分的誠心、信心與決心，在台灣建立一個公平、正義而繁榮的新社會。

■【前衛特訊】

一個來自加拿大，短小精悍，活力充沛；一個來自蘇格蘭，高頭大馬，豪氣千雲。兩個異鄉人，卻是台灣的恩情人，大大地改變了台灣的歷史。本社「台灣經典寶庫」繼推出北台灣宣教巨擘馬偕回憶錄後，接下來就是鼎足南台灣的甘為霖台灣筆記了！

甘為霖原著｜林弘宣 許雅琦 陳佩馨 譯｜阮宗興 校註

一個卸下尊貴蘇格蘭人和「白領教士」身分的「紅毛番」
近身接觸的台灣漢人社會和內山原民地界的真實紀事。

《素描福爾摩沙：甘為霖台灣筆記》
Sketches From Formosa

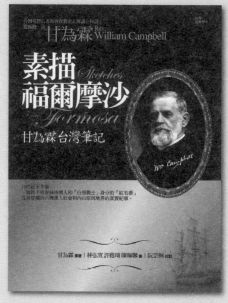

書號FC03

擺在讀者眼前親炙這位傳奇宣教探訪、學術等面向師以五十則或長或他在台灣宣教46年所喜。當中，有吃湯、馬鈴薯配蟲、趣事，有白水溪大追捕、彰化城遇追擊等險事，也有嘉義城擲石大戰、反日、溪邊撿到人

甘牧師不僅教的實況，筆墨更象、輿論、謠言，歷史感。以〈開拓記為例，甘牧師不的傳教經過，更交地理、景觀、人傳聞，然後將時光

的這本著作，就是師的宣教、奉獻的最佳途徑。甘牧短的筆記，記錄了的所思所見、所悲老鼠肉、喝猴子倒栽蔥跌落深溝等夜襲、麟洛平原遭險、埔里社被霧番漢學老師偷蠟燭、取國姓爺「聖水」腦糕等怪事。

僅記錄他在各地傳觸及廣泛的社會現同時也帶有深厚的澎湖群島」這則筆只是紀錄他在當地待當時澎湖群島的口、經濟、教育與回溯到17世紀的荷

蘭佔領時期，澎湖當地的局勢，接著是描寫19世紀末的法軍入侵始末，以及甘牧師親耳聽見澎湖居民對孤拔將軍的讚美「伊真好膽！」等，用簡潔準確的文字，帶領讀者一覽台灣歷史的變異風貌。

不管你是不是基督徒，只要你對古早味的福爾摩沙感興趣，就能循著甘牧師為教會、艱苦人、青瞑人、平埔族奔波近半世紀的足跡，一道神遊清領末、日治初最真實的台灣庶民社會。來吧！來感應一下地老天荒之下，你於歷史塵煙之中可能的迴身位置吧！

國家圖書館出版品預行編目資料

台灣國家之道 = Taiwan in the Right Way /
張燦鍙著. -- 增訂版. -- 台北市：前衛，
2009.11
240面；15×21公分
ISBN 978-957-801-622-4 (平裝)
1.台灣獨立問題　2.台灣政治　3.文集

573.07　　　　　　　　　　　　98010740

台灣國家之道

著　　者　張燦鍙
特約編輯　邱奕嵩
美術編輯　阿努米
出 版 者　台灣本鋪：前衛出版社
　　　　　10468 台北市中山區農安街153號4F之3
　　　　　Tel：02-2586-5708　　Fax：02-2586-3758
　　　　　郵撥帳號：05625551
　　　　　e-mail：a4791@ms15.hinet.net
　　　　　http://www.avanguard.com.tw
　　　　　日本本鋪：黃文雄事務所
　　　　　e-mail：humiozimu@hotmail.com
　　　　　〒160-0008 日本東京都新宿區三榮町9番地
　　　　　Tel：03-33564717　　Fax：03-33554186
出版總監　林文欽　黃文雄
法律顧問　南國春秋法律事務所林峰正律師
總 經 銷　紅螞蟻圖書有限公司
　　　　　台北市內湖舊宗路二段121巷28、32號4樓
　　　　　Tel: 02-2795-3656　　Fax: 02-2795-100
出版日期　2009年11月增訂版一刷

定　　價　新台幣250元
©Avanguard Publishing House 2009
Printed in Taiwan　ISBN 978-957-801-622-4